じょうずに聴いて
じょうずに話そう

カウンセリング・マインドとコミュニケーション・スキルを学ぶ

吉武　光世
久富　節子

学文社

はじめに

　近年の急激な都市化により私たちの生活は大きく変化しました。ドア1枚で外の世界とは隔絶された自分だけの空間が確保できるようになり，これまでのように地域社会や隣近所との人間関係で煩わされることも少なくなりました。また，核家族化によって，嫁姑の複雑な人間関係はなくなり，家族同士でさえもそれぞれが自分の部屋に閉じこもりお互いに顔を合わすことも少なくなってきました。このように煩雑な人間関係から解放されたいという私たちの願いはかなえられました。しかし，「人間は社会的動物」と言われるように，煩わしいと思いつつも私たちの関心はやはり人との交流にあります。そして，日々の人間関係が希薄になればなるほど，どのように人と接していけばよいかが分からなくなり，対人関係に悩む人がかえって増加しています。

　この本は，周りの人たちとの意思や気持ちの伝達がうまくいかずに悩んでいる人に対する，カウンセラーやコミュニケーションの専門家からのアドバイスをまとめたものです。

　人とのやりとりの基本はまず，自分をよく理解することです。良い面も悪い面も受け入れ，この世でかけがえのない存在である自分を再認識することが大切です。次に，身近な人たちとの関わりで，相手を十分理解して尊重するとともに自分自身もきちんと表現することが重要になってくるでしょう。そのような対人関係の基礎ができあがった後に，職場やサークル，地域社会，年代のちがう人や国の異なる人たちとの交流へと発展していくのです。また，さまざまな交流のツールとして，最近は携帯電話やインターネットを駆使することも大切な要素となってきましたが，それによる弊害も深刻さを増しつつあります。

　この本は，上のような流れに沿って，全体を4部で構成してあり，対人関係の展開が順を追って学べるようになっています。また，各章はテーマごとに独立していますから，どの章からでも学習を始められるようになっています。それぞれの章は，各章のテーマに関連する臨床心理学や社会心理学の理論的背景をわかりやすくまとめた「理解しよう」，体験しながら学ぶための課題が用意されている「ためしてみよう」，課題を解説し，得られた結果から自分を振り返る「確認しよう」からなっています。理論だけの理解でなく，体験することによってよりよいコミュニケーションの技術を身につけてください。

　大学などでコミュニケーションやカウンセリングの講義をお持ちの先生方には講義のサ

ブ・テキストとしてご活用いただけるものと思っています。また，自分自身でも取り組めるようになっていますので，人との対話能力を高めたい人，よりよい対人関係をめざす方など，多くの方々にお使いいただければ幸いです。

　なお，本書の出版に際しては，学文社の松尾陽一郎さんに編集の構想の段階からお骨折りをいただきました。この場をお借りして深く感謝いたします。

　2001年5月

吉武　光世

もくじ

はじめに

◆第Ⅰ部◆
自分との語らい

第1章　エゴグラムで知る心の構造 ……………………………… 6
第2章　自分探しの旅 ……………………………………………… 14
第3章　思い込みからの脱出 ……………………………………… 20
　　partⅠ　ストレスとつきあう　21
　　partⅡ　ストレスをまねく考え方　29
第4章　からだとの対話 …………………………………………… 34
　　partⅠ　身体への気づき　35
　　partⅡ　行動を変える　40

◆第Ⅱ部◆
人と人とのやりとり

第1章　交流のパターンを学ぶ …………………………………… 48
第2章　自己表現のススメ ………………………………………… 56
第3章　理解の枠組を広げる ……………………………………… 66
第4章　カウンセリングに触れる ………………………………… 74

◆第Ⅲ部◆
社会の中のわたし

第1章　集団の中で ……………………………………………86
　　partⅠ　友だち，家族との対話　88
　　partⅡ　職場，サークル内のコミュニケーション　105
第2章　地域社会の「うち」と「そと」 ……………………113
　　partⅠ　地域の中で　114
　　partⅡ　年代の違う人と　122
　　partⅢ　異文化に触れる　128

◆第Ⅳ部◆
やりとりのツール

第1章　定型化した対話 ………………………………………134
第2章　携帯電話とインターネット …………………………140

引用文献　149
参考文献　152

自分との語らい

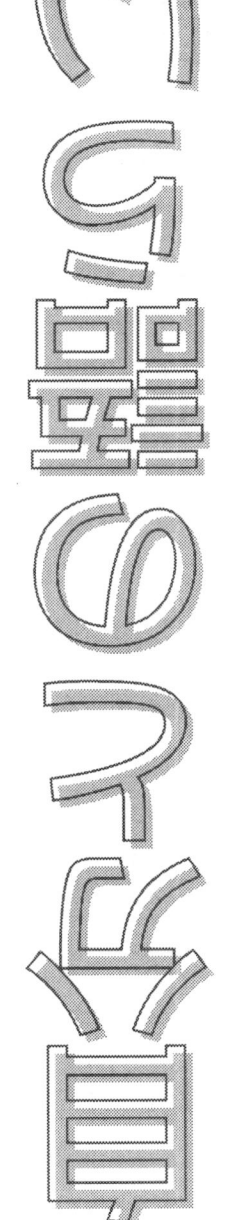

自分づくりの話

第1章　エゴグラムで知る心の構造
第2章　自分探しの旅
第3章　思い込みからの脱出
第4章　からだとの対話

第Ⅰ部

第1章
エゴグラムで知る心の構造

　駅前の放置自転車が撤去されているのを見たとき，あなたはどのようなことを考えますか。きっとあなたの心の中では，「まったく，こんな迷惑な場所に自転車を止めて…。最近はマナーを守らない人が多いんだから。自転車を撤去されても当然だ。」「朝はみんな急いでいるからそれぞれの事情があるのでしょうに…。気の毒だな。」「どうして近くの駐輪場を利用しないのかな？」「今日撤去しているから明日は大丈夫だわ。明日は自転車に乗って来よーっと」「自転車を持っていかれると困るからこんな所には絶対止められないわ。」などといったやりとりが行われていることでしょう。

　このように，私たちの心は複雑で，一つの出来事に対してまるで何人かの人がいるかのように心の中で会話がなされていることがあります。19世紀後半，精神分析の創始者フロイト（Freud, S.）は，催眠療法を用いてヒステリーなどの神経症患者を治療する過程で，人間の心の中には自分自身でも意識しない無意識の領域があることを発見し，この無意識という概念を用いて複雑な心の仕組みを説明しました。

　フロイトによれば，私たちの心は，イド (id)，自我 (ego)，超自我 (superego) の3つの領域から成り立っています（図1－1）。イドは無意識の部分で，そこには本能的エネルギーが蓄えられています。イドは内部に生じた欲求を直ちに満たそうとします（快楽原則）。一方，自我の役割は，現実を考慮して適切な方法でイドの中に引き起こされた欲求を満たし緊張を解消することです（現実原則）。超自我は，両親のしつけや周りの大人たちの教えなどを通して人格に組み込まれた良心や道徳的な部分で，イドの衝動，特に性的なものや攻撃的なものが外に出ることを抑えたり，自我に対して，現実に適応するだけでなく道徳的なことに価値を置き理想を追求していくよう監督したりします。

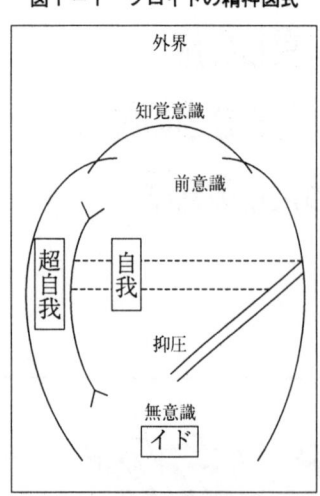

図1－1　フロイトの精神図式

　この章では，精神分析を誰にでもわかりやすいように実用化した交流分析の考え方から自分の心の構造について学ぶことにしましょう。

理解しよう

◆交流分析とは

　交流分析（Transactional Analysis）の考え方は，1950年代の中頃，アメリカの精神科医バーン（Berne, E.）によって広められました。交流分析は「互いに反応し合っている人々の間で行われているコミュニケーションを分析すること」と定義され，「相手を変えるよりもまず自分の問題に気づく」「自分を変えることで本当の意味の人間らしいコミュニケーションをめざす」ことを目的としています。自分の性格傾向や対人関係様式を図式化し，具体的に自分のどこの部分を変えていけばよいのかを知り，実生活に役立てていくのです。

　交流分析は，個々人のパーソナリティを分析する構造分析，2人の間のコミュニケーションを分析する交流パターンの分析，非生産的な人間関係を支配しているからくりを学ぶゲーム分析，人生という舞台で個人が演じる筋書きを分析する脚本分析の4つの部分で構成されています。

◆構造分析（エゴグラム）

　構造分析では，「人は誰でも自分の内部に親，大人，子どもの3つの自我状態を持つ」（図1-2）という考え方を基にして自分の自我状態を分析します。3つの自我の状態は，さらに細かく5つに分けられるので，この5つの自我状態のうちどれが主導権を握っているのか，心のエネルギーの割り振りがどうなっているのかを図式化し，人格パターンが一目で解るようになっているのがエゴグラムです。

1　P（Parent）

　親の自我状態です。幼い頃から自分を育ててくれた親またはそれに代わる人から取り入れた感じ方，考え方，振る舞いをする部分です。

　これはさらに2つに分けられます。

　CP（Critical Parent）　　父親のような批判的な部分です。自分の考えに基づき行動基準を設定して批判，叱責，非難をするので，偏見に満ちていることがあります。自分に厳しく，義務感や責任感は強いけれども人に対しても厳しい態度をとりがちです。

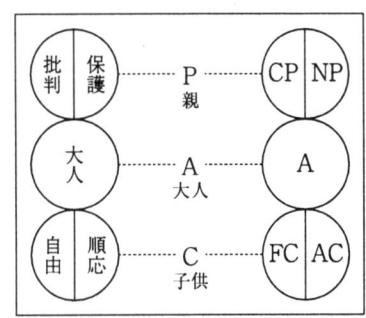

図1-2　自我状態

出所：杉田峰康『交流分析』（講座サイコセラピー8）日本文化科学社，1994年

NP（Nurturing Parent）　母親のような保護的な部分です。子どもの成長を助ける母のように，養育的，保護的，同情的で，親身になって人の世話をしたりします。しかし，度が過ぎると親切の押し売りになってしまいます。

2　A（Adult）

大人の自我状態です。冷静で，合理的で，事実に基づいたデータから物事を判断しようとするコンピュータのような部分です。人の気持ちより事実を優先してしまうので，これが強すぎると人情味に乏しくなってしまいます。

3　C（Child）

子どもの自我状態です。子ども時代と同じような感じ方，考え方，振る舞い方をする部分で，2つに分けられます。

FC（Free Child）　子ども時代と同じような考え方，感じ方をする部分です。親のしつけの影響を受けていないもって生まれたままの姿で，活発さや，創造力，直観力などに関連しています。自由で，明るく，天真らん漫ですが，度が過ぎると，軽率になったり，わがままになったりします。

AC（Adapted Child）　順応した子どもの部分です。親の愛情を失いたくないために人生の早い時期につけた適応様式（がまんする，とりいる，遠慮するなど）を含んでいます。協調性があり，イイ子に振舞いますが，本当の気持ちを抑えてしまうので，不満などを内にこもらせやすい面があります。

◆エゴグラムの特徴

・各人の個性を表すもので，どういう型が優れていて，どういう型が劣っているかをみるものではない。
・自分で自分を評価することができる。
・自分の姿を客観的に見ることができる。
・直したいところのプランを立てることができる。
・年齢，発達段階，生活状況によって変化する。
・対人関係に応用できる（自分と相手のエゴグラムを描き相性をみる）。

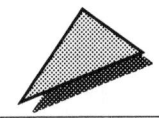

ためしてみよう

◆エゴグラム・チェックリスト

次の質問に答えてみましょう。はい（○），どちらともつかない（△），いいえ（×）のように答えてください。ただし，できるだけ○か×で答えるようにしてください。

			○	△	×
CP（　）点	1	あなたは，何ごともきちっとしないと気がすまないほうですか。			
	2	人が間違ったことをしたとき，なかなか許しませんか。			
	3	自分を責任感のつよい人間だと思いますか。			
	4	自分の考えをゆずらないで，最後までおし通しますか。			
	5	あなたは礼儀，作法についてやかましいしつけを受けましたか。			
	6	何ごとも，やりだしたら最後までやらないと気がすみませんか。			
	7	親から何か言われたら，そのとおりにしますか。			
	8	「ダメじゃないか」「……しなくてはいけない」という言い方をしますか。			
	9	あなたは時間やお金にルーズなことが嫌いですか。			
	10	あなたが親になったとき，子どもをきびしく育てると思いますか。			

			○	△	×
NP（　）点	1	人から道を聞かれたら，親切に教えてあげますか。			
	2	友達や年下の子どもをほめることがよくありますか。			
	3	他人の世話をするのがすきですか。			
	4	人のわるいところよりも，よいところを見るようにしますか。			
	5	がっかりしている人がいたら，なぐさめたり，元気づけてやりますか。			
	6	友達に何か買ってやるのがすきですか。			
	7	助けを求められると，私にまかせなさい，と引きうけますか。			
	8	だれかが失敗したとき，責めないで許してあげますか。			
	9	弟や妹，または年下の子をかわいがるほうですか。			
	10	食べ物や着る物のない人がいたら，助けてあげますか。			

			○	△	×
A（　）点	1	あなたはいろいろな本をよく読むほうですか。			
	2	何かうまくいかなくても，あまりカッとなりませんか。			
	3	何か決めるとき，いろいろな人の意見をきいて参考にしますか。			
	4	はじめてのことをする場合，よく調べてからしますか。			
	5	何かする場合，自分にとって損か得かよく考えますか。			
	6	何か分からないことがあると，人に聞いたり，相談したりしますか。			
	7	体の調子のわるいとき，自重して無理しないようにしますか。			
	8	お父さんやお母さんと，冷静に，よく話し合いますか。			
	9	勉強や仕事をテキパキと片づけていくほうですか。			
	10	迷信やうらないなどは，絶対に信じないほうですか。			

出所：杉田峰康『交流分析』（講座サイコセラピー8）日本文化科学社，1994年

F C （　） 点	1	あなたは，おしゃれが好きなほうですか。			
	2	皆とさわいだり，はしゃいだりするのが好きですか。			
	3	「わぁ」「すげぇ」「かっこいい！」などの感嘆詞をよく使いますか。			
	4	あなたは言いたいことを遠慮なく言うことができますか。			
	5	うれしいときや悲しいときに，顔や動作に自由に表わすことができますか。			
	6	ほしい物は，手に入れないと気がすまないほうですか。			
	7	異性の友人に自由に話しかけることができますか。			
	8	人に冗談を言ったり，からかったりするのが好きですか。			
	9	絵をかいたり，歌をうたったりするのが好きですか。			
	10	あなたはイヤなことを，イヤと言いますか。			

A C （　） 点	1	あなたは人の顔色を見て，行動をとるようなくせがありますか。			
	2	イヤなことをイヤと言わずに，おさえてしまうことが多いですか。			
	3	あなたは劣等感がつよいほうですか。			
	4	何か頼まれると，すぐにやらないで引き延ばすくせがありますか。			
	5	いつも無理をして，人からよく思われようと努めていますか。			
	6	本当の自分の考えよりも，親や人の言うことに影響されやすいほうですか。			
	7	悲しみや憂うつな気持ちになることがよくありますか。			
	8	あなたは遠慮がちで消極的なほうですか。			
	9	親のごきげんをとるような面がありますか。			
	10	内心では不満だが，表面では満足しているように振る舞いますか。			

図1－3　エゴグラム

●この表に得点を書きこんでください

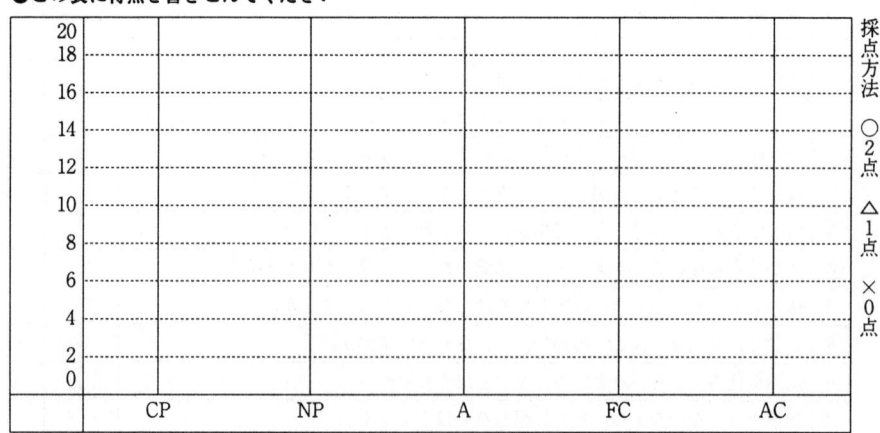

第Ⅰ部　自分との語らい

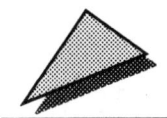

確認しよう

◆結果の整理

・質問紙に記入し終わったら，○を2点，△を1点，×を0点として，CP，NP，A，FC，ACごとに合計得点を出し，それを左欄に記入します。

・各項目の合計点を図1－3に折れ線グラフにして書きこんでください。

◆エゴグラムの見方

・グラフの一番高い個所に注目して，自分はどの自我状態が優位かを判断する。

・最も低い自我状態についても合わせて考える。

・全体のバランス（型）はどうかなども合わせて判断する。

・表1－1のアドバイスを参考に行動パターンの修正について考える。

　例（図1－4）を参考にして，自分は何主導型か，また，どんな性格かなどについて短い文章で書いてみましょう。

[発展課題]

・家族にあなたのエゴグラムを描いてもらいましょう。自分で見た自分と周りの人の目に写る自分の違いに気づいてみましょう。

・自分がなりたい人間像の理想のエゴグラムを描いてみましょう。自分のエゴグラムと比較して，自分のスコアが低いところを上げるよう行動パターンを変えていきましょう。きっと自分が好きになり，良い人間関係が展開することでしょう！

表1-1 TEG 5要素の現れ方（行動パターン）早見表

	CP	NP	A	FC	AC
得点が高い場合 アドバイス	完全主義者なので疲れやすい 相手の立場を認める気持ちの余裕を持ち、仕事や生活を楽しむようにする	自分と相手の関係をできるだけ客観的に考え、おせっかいや過干渉にならないよう注意する。	能力は高いが、ともすると自分の判断だけで行動する チームワークや周囲との協調を心がける	気分にむらがある できるだけ後先を考え、冷静さを心がける 一呼吸おいて行動するとよい	あれこれ考えず、まず行動してみることで、自信をつけていく
マイナス面	タテマエにこだわる 不完全を許さない 批判的である 何事も自分の思う通りにしないと気がすまない	過度に保護，干渉する 他人の自主性を損う 他人を甘やかす	機械的である 打算的である 人間味に乏しい 冷徹である	自己中心である わがままである 動物的である 感情的である 気が短い	遠慮がちである 依存心が強い 我慢してしまう 自主性に乏しい 感情が内にこもる
プラス面	理想を追求する 良心に従う ルールを守る スジを通す 義務感，責任感が強い努力家	相手に共感，同情する 世話好き 弱い者をかばう 奉仕精神が豊か	理性的である 合理性を尊ぶ 沈着冷静である 事実に従う 客観的に判断する	天真らんまんである 好奇心が強い 直感を尊ぶ 活発である 創造性に富む	協調性に富む 妥協性が強い イイ子である 従順である 慎重である
平均	**CP**	**NP**	**A**	**FC**	**AC**
プラス面	おっとりしている 融通性がある こだわらない のんびりしている	さっぱりしている 淡白である 感情的にならない	詩情豊かである 純朴である お人好し 屈託がない	おとなしい 妥協性がある イイ子である 慎重である 素直である	健康的である 快活である あけっぴろげである 積極的である 自発性に富む
得点が低い場合 マイナス面	何を考えているのかわからない いいかげんである 義務感，責任感が弱い	冷たい 自分勝手である 相手に共感，同情しない	現実無視 計画性がない 自分勝手である 考えがまとまらない	おもしろ味がない 暗い印象を与え 意欲がない 恨みがましい おどおどしている	わがままである 自己中心である 一方的である 近寄り難い印象をあたえる
アドバイス	自分の立場や役割を考え、自分の意志で行動する 自分の意見をハッキリさせ自己主張してみる	できるだけ相手に思いやりを持つように努力する 普段から友人を大事にしたり、動物を飼ったりするとよい	できるだけ合理的な考え方をする うまくいかなくてもイライラせず、できることを確実に手がける	気持が内にこもらないようできるだけ陽気に振舞って気持ちを引き立てる スポーツ，旅行，食べ歩きもいい	ときには自分を押さえて，周囲の人をほめたり、妥協したりする気持ちの余裕を持つ

出所：TEG研究会編『TEG活用マニュアル事例集』金子書房，1991年

図1－4

①19歳　女子学生
　私はAC優位タイプである。協調性があり，従順である。しかし，遠慮がちで，依存心が強く，自主性がない。感情を内に込めて，自分の意見などがあまり言えない。自分から何かをする事があまりない。お人よしであり，計画性がなく，自分の考えをまとめたりすることが苦手で，理論的なことも苦手である。この結果はけっこう自分にあっていて，その通りだと思った。

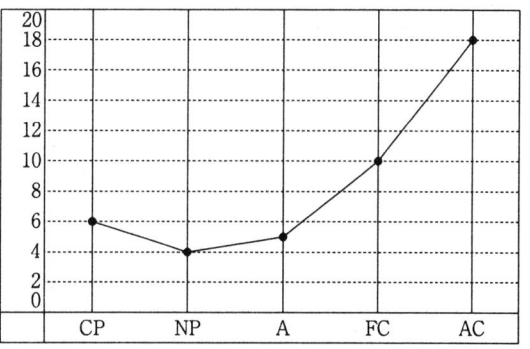

②19歳　女子学生
　私は打算的に自分の独断で行動してしまうことがある。また，どちらかというと失敗に厳しく，「残念だったね」と思うより，「どうして出来ないのだろう」などと思ってしまう。物事への関心もあまりなく，のめりこむ，夢中になる，ということはめったにない。相手に共感するよりもむしろ自分の意思を通してしまう傾向がある。中途半端なことは嫌いで，完全主義的な面が強いと思う。好奇心が強く，その時の気分に左右されることもあり，周囲を振りまわしてしまう。自分の意志で行動しようとするので，物事について偏見をもってしまうこともある。

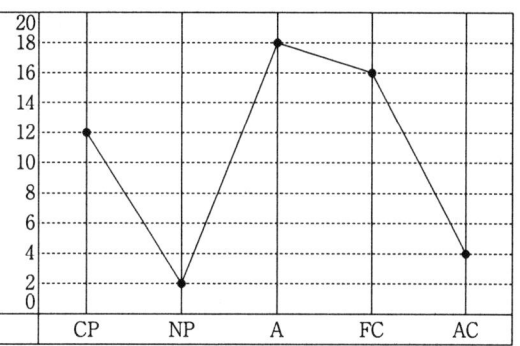

③20歳　女子学生
　NP, FCが高めで，あねご肌といえる。奉仕活動（ボランティア）は好きだが，感情的で過度な干渉をしてしまうこともある。あけっぴろげで自発的だが，それがわがまま，自己中心となってしまうのかもしれない。結果はほぼ当たっていると思う。普段意識していないがこんなにはっきり出てしまうと，今後の行動に気をつけたいと思う。

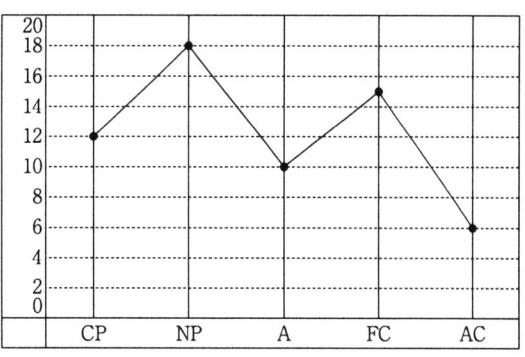

第2章
自分探しの旅

　IT革命という言葉に代表されるように，最近の科学技術の進歩には目覚しいものがあり，私たちの生活は便利になり，ボタン一つで家事ができたり，居ながらにしてショッピングができるようになりました。本来なら，このような省力化によって生活に時間的ゆとりが生み出されるはずですが，現実はその反対で，私たちはいつの間にか秒刻みで機械に管理されるようになっています。誰もが「忙しい」を連発し，時間に追いまくられる生活の中で，周りの人のことを思いやるどころか，自分のことにすら目を向ける余裕がなくなってしまっているのです。そして，就職や結婚などといった人生の岐路にさしかかった時，失恋や失敗，家族との不和といった困難に遭遇したとき，「自分とは何者なのか」「自分は何のために生まれたのか」「自分はこれからどう生きたらいいのか」というようなことがわからなくなり，前に進めなくなってしまいます。このようなとき，ちょっと歩みを止めて立ち止まり，自分の人生全体を振り返ってみることが大事になってきます。

　私たちが過去を振り返る方法とし，精神分析をはじめ，多くのカウンセリングの方法が欧米から日本に紹介されています。しかし，日本で生まれた独自の方法として，内観療法というものがあります。私たちは，物事がうまくいかなくなると，「もっと違う境遇に生まれたかった」などと両親を責めたり，周りの人が自分の期待に応えてくれないと「親のくせに…」「友だちだと思っていたのに…」などと一方的に腹を立てたり，相手を恨んだりしてしまいます。しかし，相手の立場に立って自分を見た場合，それは自分本位な一方的な感じ方なのではないでしょうか。内観とは，このような自分本位な物の見方を捨て，冷静に過去から現在までの自分を振り返る作業です。うれしかったこと，悲しかったこと，つらかったことなど自分の感情的な体験を思い出すのではなく，自分とは別の視点から過去を振り返るのです。ちょうど，自分が映っているビデオを眺めているような視点から。

　この章では，内観療法という案内役にしたがって，自分探しの旅に出てみましょう。新しい自分との出会いが体験できるでしょう。

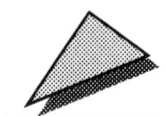# 理解しよう

◆内観療法とは

　内観療法は一言でいえば，自分が他の人から「していただいたこと」，「してあげたこと」，「迷惑をかけたこと」この3つの質問に取り組んで自分を見つめる作業で，吉本伊信が浄土真宗の一派に伝わる「身調べ」という修業法から宗教色を取り去り，一般の人の自己修養法として広めていったものです。1960年代の後半に現在のかたちができあがり，1979年に日本内観学会が設立され，日本国内での実践が普及しているのみならず，欧米にも広がりを見せています。

◆集中内観

　内観療法の基本的な技法は「集中内観」と呼ばれ，次のような手続きで行われます。

1　さまざまな日常的刺激を遮断された場所で（多くは市街地を離れた内観研究所），部屋の隅に屏風を立てて，その中に座ります（楽な姿勢でよい）。

2　1日15時間，1週間座って自分を見つめる作業をします。

3　はじめは母についての自分の行いと心について調べます。（母の次は父，兄弟，友だち，と自分とかかわりのあるあらゆる人に対する自分について調べます。）

　その方法として次の3つのテーマについて想起します。（特に，迷惑をかけたことに対して多くの時間をかけましょう。）

　(1) 母にしていただいたこと
　(2) 母にお返ししたこと
　(3) 母に迷惑をかけたこと

4　調べる順序は，次のように幼年時代から現在に到るまでを年代順に区切ります。（3～5年ごと）。

　(1) 小学校入学以前
　(2) 小学校低学年の頃
　(3) 小学校高学年の頃
　(4) 中学校時代
　(5) 高校時代
　(6) 現在まで

第2章　自分探しの旅

表1−2　基本的留意点

基本的に留意すべきこと（調べ方）		
○調べます	△思い出します	△考えます
○何歳から何歳まで	△何歳前後	△その頃は
○母に対する自分を	△母を	△母と家族に対して
○迷惑をかけました	△迷惑をかけたかも知れません	
	△もしかしたら迷惑をかけたことと思います	
○してもらったことは	遠足のときおにぎりを作っていただきました	
○して返したことは	肩を叩いて上げました	
○迷惑をかけたことは	寝小便をして始末をしていただきました	
△してもらったことは	運動会で1等になったので弁当を持ってきてくれました	
△して返したことは	一生懸命勉強してお母さんに誉められました	
△迷惑をかけたことは	受験に失敗して母の期待に添えませんでした	
△してもらったことは	母はいつも優しく親切に明るく接して下さいました	
△して返したことは	私は時々いろいろ手伝いをしました	
△迷惑をかけたことは	母に対して大変悪いことばかりして非常に迷惑をかけました	

注　：○印は適切な内観，△印は不適切な内観を示す
出所：村瀬『内観療法』（臨床心理体系9）金子書房，1989年

5　面接者が2時間おきに訪れ，内観者の報告を聞きます。

◆基本的な留意点

内観の際，注意しなければならないことは（表1−2）の通りです。

◆さまざまな内観の方法

集中内観をするゆとりのない人のためにいろいろな形態の内観が開発されています。1日内観，2泊3日の短期内観，家庭や学校で行う記録内観（2ヵ月の記録内観が1週間の集中内観に匹敵するといわれています），電話の面接による電話内観などがあります。

◆内観の特徴

・自己像の変容（自分が根底から受け入れられたという安心感が得られます）。
・他者像の変容（真の意味で他者の立場に立つことができるようになります）。
・新しい自己を発見し，人生をリフレッシュする自己啓発の方法。
・心のトラブルに対する心理療法としてだけでなく，一般人の自己発見，自己修養としての効果。

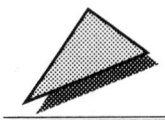 ためしてみよう

◆内観の体験

　小学校入学以前の母（あるいは母代わりの人）に対する自分を調べてみましょう。

1　目を閉じ，まず，その頃自分が住んでいた町の様子，家の近所の様子などを思い浮かべましょう。

2　自分の家の外観や台所，居間，自分の部屋などを思い浮かべましょう。

3　母にしてもらったこと，母にしてあげたこと，母に迷惑をかけたことの3つのテーマについてできるだけ具体的に調べ，その結果を記録してみましょう。（特別何も思い出さないという人は，生まれてから今日まで私たちはお母さんに何回食事を作ってもらったか，何回お洗濯をしてもらったか，など日ごろあまりにも当たり前と思っていたことも考えて見ましょう。）

母にしてもらったこと
_____
_____
_____

母にしてあげたこと
_____
_____
_____

母に迷惑をかけたこと
_____
_____
_____
_____
_____

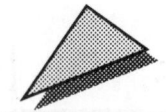

確認しよう

◆体験の振り返り

　内観を体験してどんなことを感じましたか？この作業で感じたことを書き出してみましょう。

◆内観療法で生じる心の変化

　集中内観を体験すると次のような心の変化が生じるといわれています。

1　**導入期（内観を始めた直後）**　　内観の手続きに対して不満を抱いたり，突き放されたような気持ちを抱きやすくなります。

2　**初期（1－2日目頃）**　　状況や課題になじめず，座っていることが苦痛になったり，雑念がわいてきて集中できなくなります。また，年代をひとまとめにしてしまったり，「調べる」ではなく「思い出」になるなど，課題を自分流に歪めてしまうこともあります。

3　**中期（3－6日目頃）**　　内観の深まりとともに苦しさも本格的になってきますが，それを乗り越えて内観を進めると，本当に大切にされ，慈しまれていた自分を身にしみて感じ，自己の存在が根底から受け入れられていたことを実感するようになります。

4　**終結期（最終日頃）**　　自己変容の体験を味わい直したり，自分の周りの人たちへのかかわり方や今後の現実の生活について考えはじめるようになります。

[発展課題]

　内観に関心をもった人は家庭での記録内観に挑戦してみましょう。母に対して1日1つ

の期間,常に3つのテーマについて調べ,それを記録します。現在まで調べ終わったら,同様のことを父に対しても行います。父と母に対する内観が終わったら,再び母に対する内観に戻り,2ヵ月の間に,父母に対する内観をそれぞれ4回ずつ行います。

記録したものは後で先生に見ていただきましょう。一人で記録内観を行うのはそれほど難しいことではありません。しかし,内観の体験者に記録を読んでもらうことは,きっと励みとなるでしょう。

第3章

思い込みからの脱出

　約束の時間が迫っているのに車が渋滞で動かなくなった，試験前日徹夜で頑張ったのに勉強したこととは全く違う問題が出て不合格になった，転校した学校で友だちができない，朝出がけに親と言い合いをしてしまった，アルバイトが忙しくて寝る暇がない，などなど，私たちの日常生活はイライラの連続です。このようにイライラしている状態をストレスといいます。

　現代はストレスの時代といわれるように，私たちは家庭，地域社会，学校，職場などさまざまな場面でストレスを感じながら生活しています。身体の不調，学力，経済状態，家族との不和，学校での人間関係，周囲の期待など，日々の生活で生じるさまざまな出来事がストレスとなるのです。しかし，受験に失敗したとき，「来年があるさ」と前向きに気持ちを切り替えていく人もいれば，自分の能力に自信をなくし眠れなくなったり人と会うのが苦痛になる人もいるように，同じような状況にあっても，どのくらいのストレスを感じ，どのように対応していくかにはかなりの個人差がみられます。ストレスを規定する個人的要因として，性格，気質，知識，過去の経験，物事のとらえ方・考え方，適切な自己主張能力，良好な対人関係や周囲からの支援体制などがあげられます。

　この章では，私たちが強いストレスにさらされたときに，感情面や身体症状，行動面でどのような変化が生じるのかについて学び，自分の弱い部分を理解し，ストレスへの対処の方法を考えましょう。また，ストレスを招きやすい考え方を変えることにチャレンジしてみましょう。

Part I　ストレスとつきあう

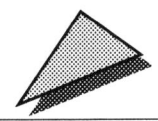

理 解 し よ う

◆**ストレスとは**

　ストレスとは，ゴムボールに力を加えるとへこみが生じるように，「生体に有害な刺激（ストレッサー）が与えられたときに生じる，生体側のゆがみ」です。例えば，人に強い刺激を与えると，驚いたり，恐れたり，怒ったり，興奮するなど，心に大きな変化がみられます。この心の変化が「ストレス」なのです。私たちの体は一度バランスを崩しても，元の状態に戻そうとする力が働くため，「生体側のゆがみ」もすぐにもとに戻ります。適度なストレスは生活に緊張感や張りをもたらし，ストレスの克服が心や体に抵抗力をつけてくれるといわれています。したがって，ストレスが必ずしも不都合なものとは限らないのです。ところが，自由自在に伸びるゴムひももあまり強く引っ張ると切れてしまうし，長時間引っ張ったままだと弾力がなくなり元に戻らなくなるようになってしまうように，私たちの心も，あまりにも刺激が強すぎたり，長時間強い刺激にさらされたりすると，最後には，元の状態に戻れなくなってしまいます。無気力，抑うつ，イライラや過敏といった精神面での不調や，疲労，身体の不調，不眠や食欲不振などといった身体症状，集中力の低下や逃避傾向といった行動面での変化などが生じるのです。

◆**ストレスをもたらす要因（ストレッサー）**

　ストレスの原因としては次のようなものが考えられます。
- 個人的なもの……病気，障害，能力，学歴，職能，性差，経済状態，進路選択，人生上の大きなできごとなど
- 家庭に関するもの……住環境，経済状態，家庭内の人間関係，家族の養育，転居，家族構成の変化など
- 学校や職場に関するもの……人間関係，周囲の要求や期待，役割，勉強（仕事）の量，勉強（仕事）の質，転校（転勤），退学（退職・リストラ）など
- 近隣や地域に関するもの……近隣との人間関係，地域環境，近隣からの干渉，近隣や地域における意思決定など

第3章　思い込みからの脱出

図1−5 ストレスを規定する要因

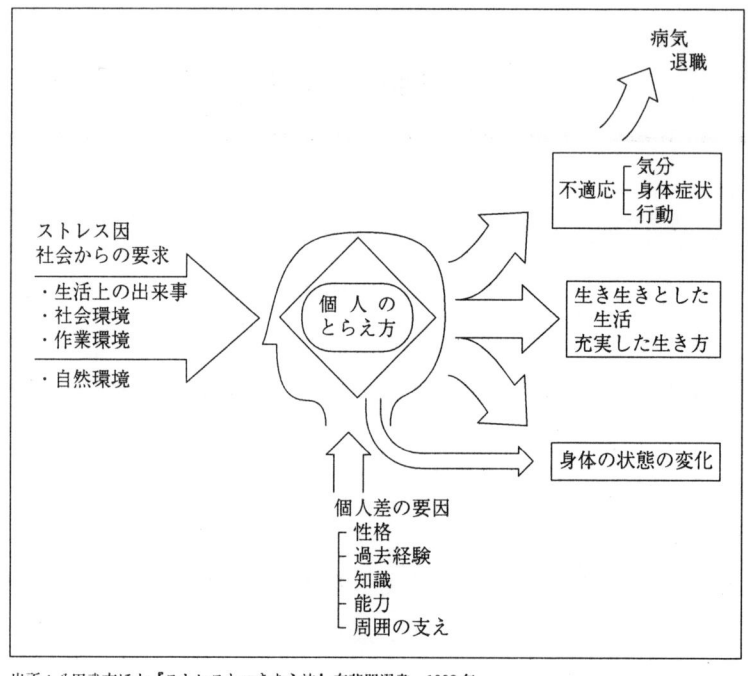

出所：八田武志ほか『ストレスとつきあう法』有斐閣選書，1993年

◆**ストレスへの対処の方法（コーピング）**

　ストレスに負けて心身の不調に陥らないために，ストレスをうまく克服したり処理する方法（コーピング）を学んでおくことは重要です。コーピングには次のような方法があります。
・環境を変える
　　ストレッサーの除去
　　ソーシャル・サポート・システムの確立
・ストレッサーとの距離を変える
　　環境からの隔離
・自分を変える
　　ストレス処理技能を高める
　　価値観（目標，考え方）を変える
・ストレス耐性を高める
　　心理的耐性
　　生理的耐性

・ストレスを発散する
　カタルシス……カラオケやお喋りで気晴らしをする
　注意をそらす
　コーピングの方法にはいろいろありますが，どのやり方が一番良いというわけではありません。時と場合を考えてその状況に一番良いと思われる方法を使うという柔軟な態度が必要です。

◆ソーシャル・サポートの種類
　人間関係はストレスのもとである一方，人間関係の豊かな人の方がストレスに強いといわれています。私たちは人とのかかわりの中で次のようなサポートを得ることができるのです。
・情緒的なサポート……同情や共感，配慮，信頼など，情緒的な結びつきを強化するようなもの
・道具的なサポート……仕事の手伝い，お金の援助など直接的な行為によるもの
・情報的なサポート……専門的な知識など有益な情報を伝えて助けるようなもの
・評価的なサポート……意見を支持したり仕事ぶりを認めるなど，その人の考えや行為を評価するようなもの

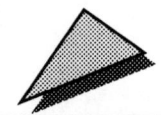

ためしてみよう

◆ストレスチェック

最近の自分がどのくらいストレスを受けているかを調べてみましょう。

ここ数日の自分の気分が下の単語にどの程度あてはまるかを考え、○印をつけてください。

J-SACL ストレスチェック

記入法：ここ数日の自分の気分を評価して下さい。以下の気分を表す単語がどの程度あてはまりますか。○印をつけて下さい。

		ぴったり あてはまる	だいたい あてはまる	わからない	ぜんぜん あてはまらない
(SP)	やりきれない ゆううつな 沈んだ いらだたしい 暗い 重苦しい 心細い 情けない 腹立たしい 深刻な	├	┼	┼	┤
(SN)	快適な 心地よい なごやかな 穏やかな 幸福な 居心地よい ほっとした 安らかな	├	┼	┼	┤
(AP)	活気に満ちた 生き生きした そう快な 浮き浮きした わくわくした 元気な すがすがしい	├	┼	┼	┤
(AN)	頼りない やめたい つまらない かったるい 怠惰な	├	┼	┼	┤

出所：八田武志ほか『ストレスとつきあう法』有斐閣選書、1993年

◆ソーシャル・サポートのチェック

あなたの周りにはどれだけあなたを支えてくれる人がいるかを調べてみましょう。

以下の質問についてあてはまるところに〇印をつけてください。

ソーシャル・サポートのチェック

	いいえ (1)	なんともいえない (2)	はい (3)
困ったことは何でも家族にいえる			
家族は自分を信頼している			
家族は自分の仕事の重要さ，難しさを理解してくれている			
家族と一緒に気ばらしができる			
何でも話せる，何でも頼める友人がいる			
友人から信頼されている			
一緒に気ばらしができる友人がいる			
困ったことを気軽に話せる先輩がいる			
先輩は，失敗をしてもカバーしてくれる			
先輩は自分を信頼してくれている			

出所：八田武志ほか　前掲書

第3章　思い込みからの脱出

確認しよう

◆ストレスチェック

　私たちはストレスの高い事態に直面すると，身体面，心理面，行動面などにさまざまな影響を受けます。しかし，同じストレス状態でも，個人によって受け止め方が異なるだけでなく，同じ個人でも時と場合でその強さは同じではありません。このチェックリストは気持ちに現れたストレス度（重圧感や生き生き感の喪失）を測定するものです。

・質問紙に記入し終わったら，「ぴったりあてはまる」……2点，「だいたいあてはまる」……1点，「わからない」……0点，「全然あてはまらない」……−1点，で左側の欄にその合計点を書き入れましょう。

次に

・ストレス因子得点は　Stress＝(SP)−(SN)　で計算します。

　　＿＿＿＿＿＿＿＿＿−＿＿＿＿＿＿＿＿＿＝＿＿＿＿＿＿点

・覚醒因子得点は　Arousal＝(AN)−(AP)で計算します。

　　＿＿＿＿＿＿＿＿＿−＿＿＿＿＿＿＿＿＿＝＿＿＿＿＿＿点

・ストレス因子得点について……得点が正の値で大きいほど重圧感が強いことを示します。健康に働く成人の平均値は6.8点です。健康な男子学生の平均点は−0.3点で，健康な女子学生の平均点は−2.2点です。

・覚醒因子得点について……得点が正の値で大きいほど生き生き感が乏しいことを示します。健康に働く成人の平均値は3.9です。健康な男子学生の平均点は−1.2点で，健康な女子学生の平均点は−0.7点です。

　さて，あなたの結果はどうだったでしょうか。

　働く成人の平均値より得点が高かった人は，自分の生活を振り返り，どのような出来事がストレスを生み出しているのかについて考え，思い当たることを書き出してみましょう。

```
┌─────────────────────────────────────────────────────────┐
│ 自分自身の問題（性格，価値観など）                        │
│                                                         │
│                                                         │
│                                                         │
│ 家族との問題（近親者の病気や死，家族間の不和など）        │
│                                                         │
│                                                         │
│                                                         │
│ 学校での問題（友だちとのトラブル，勉強，役割など）        │
│                                                         │
│                                                         │
│                                                         │
│ アルバイト先での問題（職場環境，勤務条件など）            │
│                                                         │
│                                                         │
│                                                         │
│ その他の問題                                            │
│                                                         │
│                                                         │
└─────────────────────────────────────────────────────────┘
```

◆ソーシャル・サポートのチェック

　私たちは，強いストレスにさらされていても，周囲に自分を支えてくれる人がいるとストレスを克服できることがあります。このチェックリストはストレスにより心身状態に困難が生じたとき，周囲の人からどれくらいの援助を期待できるかを知るためのものです。

・「いいえ」，「なんともいえない」，「はい」のそれぞれについて何個〇印がついているかを調べてみましょう。

「いいえ」が3つ以上ある人はストレスに負けやすい状況にあるといえるでしょう。
「はい」が7つ以上ある人はストレスに負けにくい状況にあるといえるでしょう。
健康な学生の平均は「はい」が3.8,「いいえ」が1.8でした。「はい」の内容では「何でも話せ,何でも頼める友人がいる」と回答した人が全体の80%にのぼっていました。学生にとっては「家族」よりも「友人」のサポートが重要になっているようです。

・さて,あなたの結果はどうだったでしょうか。どのような人からどのようなサポートが得られているかをふりかえってみましょう。

ソーシャル・サポート以外にもストレスを低減する方法はたくさんあります。ストレスのセルフ・コントロール法として,自律訓練法（第4章）や筋弛緩法で代表されるようなリラックス法,自分の内部に向きがちな注意を外に向けようとする思考中断法や活動法など思考を転換させる方法があります。また生活に目標をもつ,時間を上手に使う,自分の考え方を修正する（第3章PartⅡ）,自分を主張する（第Ⅱ部第2章）,健康的な暮らしをするなど,自分のライフスタイルを変えストレス源に積極的に働きかけていく方法もあります。同じストレスでも人によって受け止め方に違いがあるように,人によってストレス対処法の効果も異なります。さまざまなストレス・コーピング力を身につけ,心身ともに健康で生き生きした生活をめざしましょう。

Part Ⅱ　ストレスをまねく考え方

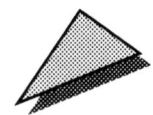

理解しよう

◆ストレスをまねく考え方

　同じような不幸な事態に直面しても、それをバネとして伸びていく人もいれば、失意のどん底に陥り立ち直れなくなる人もいます。このように、私たちの中にはストレスを増幅させ、心理的、身体的な問題を引き起こすものの考え方をする人がいます。

　アメリカの心理療法家エリス（Ellis, A.）は、「思考を変えると感情が変わり、感情が変わると行動が変わり、行動と感情が変わると思考も変わる」という考えに立って論理療法を提唱しました。試験に失敗したというような出来事があったとしましょう。私たちは、その出来事に対して落胆したり、悲しんだり、恥ずかしいといった感情を抱き、食欲不振や不眠などの症状が出てくると考えがちです。ところが、エリスはそのような感情は、出来事から直接引き出されたものではなく、そのような出来事を個人がどう受け止めたかによって引き起こされたものであると考えるのです。エリスの理論は「A－B－C－D－E理論」とも呼ばれ（図1－6）のように説明されます。私たちの問題や悩みC（不眠や食欲不振）は、A（試験の失敗）によって生じたのではなく、B（試験は絶対受からねばならない。試験に落ちた人間は生きる価値がない）という考え方の影響で引き起こされた、と考えるのです。そこで、Bの思いこみをD（試験は落ちる人も合格する人もいる。絶対試験に合格しなければならないという証拠はどこにあるのか。試験に落ちた人間は生きる価値がないとは誰が決めたのか、そういうことがどこに書いてあるのか）で論破するとE（試験は受かるにこしたことはないが、今回が駄目でもまだ何回もある。そのうち受かればよいではないか。ずっとその試験に受からなくても、もっと自分の力を発揮できる分野がある）のような効果的な人生哲学が得られるのです。

図1－6

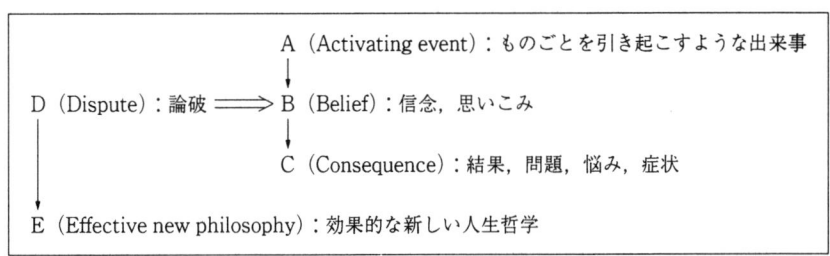

第3章　思い込みからの脱出

◆ラショナル・ビリーフとイラショナル・ビリーフ

　私たちのものの受け止め方や信念には，事実や正しい論理，人間性に基づく合理的なものと，本人は合理的なものと思い込んでいるが，実は非合理的な思い込みと考えられるものの2種類があります。非合理的な思い込みはイラショナル・ビリーフ（irrational belief）といわれ，事実に即していない，論理的必然性の乏しいビリーフで，「～であらねばならない」「～でなくてはならない」「～べきである」「当然である」というmustで代表されるような要求・命令・絶対的な考え方をするもので，それ以外の選択肢をもたない考え方です。一方，合理的な思い込みはラショナル・ビリーフ（rational belief）と呼ばれ，「できるなら～であるにこしたことはない」という考え方です。この考え方は現実的で，論理的で，選択の余地があり，人々の自己実現を促進するものです。

　イラショナル・ビリーフが強ければ強いほど，私たちは身の回りで起きる出来事に対して過剰にストレスを感じ，心身の不調を経験したり，悲観し，自滅的な行動をとったりするようになります。自分のイラショナル・ビリーフに気づき，それをラショナル・ビリーフに変え，人生に対して柔軟で前向きな姿勢で臨むことは，ストレスを乗り越えていくために不可欠な作業といえるでしょう。

◆イラショナル・ビリーフ

　ここでは，私たちが常日頃正しいと思い込んでいるイラショナル・ビリーフに気づき，それをラショナル・ビリーフに変えていく方法について考えてみましょう。

人は誰からも愛され，常に受け入れられなければならない。

　これはどちらのビリーフでしょうか。誰からも愛されたい，いつでも愛されていたい，というのは人として当然の欲求です。しかし，それが「ねばならない」となると非現実的で非合理なものとなってしまいます。人それぞれ好き嫌いがあり，自分もすべての人を愛せないのと同様に，すべての人から愛されるということは不可能に近いことなのです。この思い込みをしていると，人に嫌われまいとして自由にのびのびと行動できなくなり，ストレスを強める結果となってしまいます。

　では，この思い込みを合理的なものにするにはどうしたらいいでしょうか。「人に好かれるにこしたことはないが，必ず好かれるとは限らないし，まして，好かれなければならないことはない」と変えてみたらどうでしょう。場合によっては人に好かれなくてもよい，という選択肢が増えただけで，積極的に行動できるようになり，自分への自信も生まれてくることでしょう。

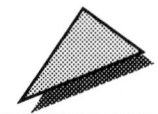

ためしてみよう

◆イラショナル・ビリーフの発見

次の文章の中で自分の考えと一致するものに○をつけましょう。

1 どんなことでも，やるからには十分に，完全にやらなくてはならない。（　）
2 人は私の期待に応えるように行動すべきである。（　）
3 物事が思いどおりに進まないのは致命的である。（　）
4 人を傷つけるのはよくない。そんな人は非難されるべきである。（　）
5 危険や害がありそうなときは，深刻に心配するのが当然である。（　）
6 人の不幸の原因は環境にある。（　）
7 人生の困難はこれに立向かうよりもこれを避ける方が楽である。（　）
8 私にはやむをえない過去があったのだから仕方がない。（　）
9 もし，人から拒否されたり，非難されたら自分はだめな人間であるということだ。（　）

○をつけた文章を1つ選び，「そうである」と思った理由を書き出しましょう。

理由：

第3章 思い込みからの脱出

ここに記入した理由について①自分の思い込みではないか，②絶対にそのように言いきれるのか，③自分および人間を幸福に導くものであるのか，という3つの観点から検討してみましょう。

　ここに記入された理由が合理性のないものとわかったら，選んだ文章をラショナル・ビリーフに書き換えてみましょう。

ラショナル・ビリーフ：

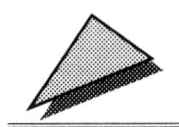

確認しよう

◆イラショナル・ビリーフの発見

　私たちは「大人は子どもよりも偉い」「人を傷つけてはならない」などといった，多くの常識を正しいと信じこんで育ってきました。しかし，果たしてそうでしょうか。よく考えてみるとそのような考えは不都合である場合もあるし，誰にでも適用できるわけではありません。

　31ページにあげた文章はすべてイラショナル・ビリーフと考えられているものです。1は失敗を恐れる気持ちからくる思い込み，2と3の思い込みは欲求不満の発生源となります。4の思い込みは対人場面で人を非難するときに使われやすいものです。5は危険な状況になったとき，人は無抵抗となってしまうという思い込み，6と8は，人は過去や外界に支配されているという思い込みです。7は受身的な生きかたからくる思い込みで，9は受容欲求からくる思い込みです。

　さて，あなたの○は何個あったでしょうか。　　　　　　＿＿＿＿＿個
　○が多いほど，非合理的な思い込み「イラショナル・ビリーフ」にとらわれていることになります。
　自分はどのような思い込みをしやすいか調べ，自分の思い込みの特徴を書き出してみましょう。
　自分が○をつけた文章を全部ラショナル・ビリーフに書き換えてみましょう。

番＿＿＿＿＿＿＿＿＿＿＿＿＿＿＿＿＿＿＿＿＿＿＿＿＿＿＿＿＿＿＿＿＿＿＿＿＿
番＿＿＿＿＿＿＿＿＿＿＿＿＿＿＿＿＿＿＿＿＿＿＿＿＿＿＿＿＿＿＿＿＿＿＿＿＿
番＿＿＿＿＿＿＿＿＿＿＿＿＿＿＿＿＿＿＿＿＿＿＿＿＿＿＿＿＿＿＿＿＿＿＿＿＿

　自分でつくり出している非合理的で非現実的な思い込みを点検し，建設的で合理的な考え方に変えることで，よりよい生き方を見つけましょう。

悲劇のヒロイン☆

思いこみすぎだって…

第3章　思い込みからの脱出

第4章

からだとの対話

　仕事に追われ，こころの糸がピーンと張りつめたままでいると，緊張から肩がこったり，胃が痛んだりすることがあります。このようなときに静かな音楽を聞いたり，温泉につかってゆっくり手足を伸ばしていると自然と心が和み，緊張がほぐれたりイライラ感がとれることがあります。このように私たちの心と体は緊密な結びつきをもっています。

　私たちが緊張・不安定の状態から安定した状態に移るには外感覚と筋感覚を減少させることが効果的であるとされています。外感覚とは視覚，聴覚，触覚，嗅覚，味覚などのことで，目を閉じたり耳をふさぐ，静かで適切な温かさのある環境などは外感覚を減少させます。筋感覚とは，筋肉の緊張度を感じる感覚のことで，筋感覚を減少させるとリラックスすることができます。外感覚と筋感覚が減少すると脳の興奮が減少し精神的安定が得られるようになるのです。

　アメリカの心臓病専門医ローゼンマン（Rosenman, R. H.）とフリードマン（Friedman, M.）は，心筋梗塞などの心臓疾患とある行動タイプに特別な関係があるとし，それをタイプA行動型と名づけました。タイプA行動型とは，極端なほどの仕事への熱中と多忙さを特徴とし，いくつもの仕事を抱え込んで奮闘し，目標の達成を常に気にかけているような仕事人間にみられる行動傾向です。こうした人たちは，成就欲求が高く，他人に挑戦的で，競争を好み，性急で時間に追われ，短気で腹を立てやすく，また，同時にいくつものことを考え，判断するような傾向があります。こうした人たちは職場では模範生で，自分の心身の疲れやストレスを意識しないため，許容限度を超えても仕事から離れることができません。そのため，ストレスが全身に蓄積し，たまりにたまったストレスが身体の病となって現れてしまうのです。こういう傾向が乏しい人はタイプB行動型で，穏やかでゆったりとし，非競争的なライフスタイルをもっています。

　この章では，心と身体や行動の関係を理解し，体の緊張をほぐしたり，行動を変えることによって，心がリラックスすることを体験してみましょう。

Part I 身体への気づき

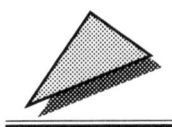

理解しよう

◆自律訓練法

　自律訓練法とは身体がリラックスしたときに現れる重感や温感を自己暗示によって積極的につくりだすことにより心を落ち着かせる方法です。自律訓練法の歴史は，1895年ドイツのフォークト（Vogt, O.）が催眠の研究過程で，中性的催眠状態が食欲不振や不眠，肩こりなどを改善し，健康増進のために有用であることを発見したことに始まります。その後1905年に，シュルツが中性的催眠状態の特徴が安静感（気持ちのよい感じ）と四肢の重たい感じ・温かい感じであることを見出し，そのような感覚が自分で得られるように工夫してできあがった訓練法です。自律訓練法の基本的な技法は標準練習といわれ，次のような手続きで行われます。

◆準　備

・環境……外からの刺激ができるだけ少ない場所で行います（適度な明るさと温度のある静かな部屋）。
・服装……身体的圧迫感，違和感，束縛感を起こさせやすいものを取り外します（時計や眼鏡をはずす。ベルト，ネクタイなどをゆるめる）。
・身体……身体内部からの刺激を取り除きます（空腹時を避けたり，トイレをすませておく）。
・姿勢……基本的な姿勢には，あお向け姿勢，腰掛け姿勢，安楽椅子姿勢（図1－7）があります。
・閉眼……静穏な心的状態に達するのに効果があるので，一般的には目を閉じて練習します。

[標準練習]

　標準練習の目標は，中性的催眠状態を得ることにより心身をリラックスさせ，これによって心身の再体制化や興奮を静めることにあります。ここでは，自律訓練の最も基礎となる重・温感練習についてのみ取り上げることにします。

図1－7　自律訓練法の練習姿勢

a　仰臥姿勢　　　　　　b　安楽椅子姿勢　　　　　c　単純椅子姿勢

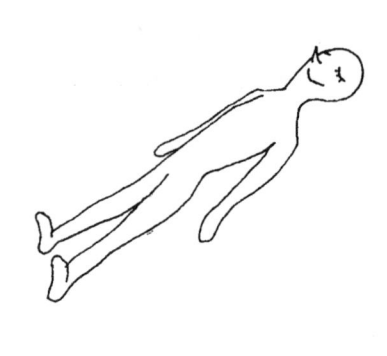

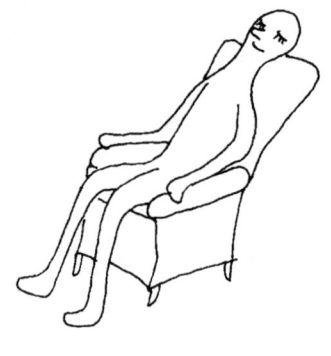

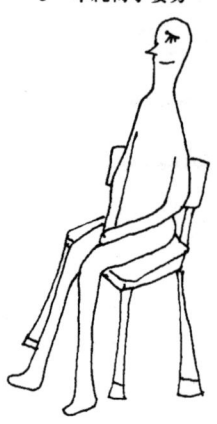

出所：佐々木雄二編著『自律訓練法』（講座サイコセラピー3）日本文化科学社，1993年より作図

1 公　式

　背景公式：「気持ちが落ち着いている」

　標準練習の各公式のベースになるもので，各公式を練習する際，随時挿入していきます。

・第1公式（四肢重感練習）：「両腕・両脚が重たい」

　背景公式の後，四肢の重感練習を行う際に用います。四肢の筋肉が弛緩すると，血流量の増加や皮膚温の上昇といった生理的変化が生じやすくなります。

・第2公式（四肢温感練習）：「両腕・両脚が温かい」

　第1公式で得られた生理的変化をさらに強める公式で，四肢の温感を実現し，末梢血管の拡張をはかる公式です。

　自律訓練法では，それ以前に習得した公式は必ず，これからやろうとしている公式の初めに織り込んでいきます。例えば，左腕の重感の練習に進む場合は「気持ちが落ち着いている／右腕が重たい／気持ちが落ち着いている／左腕が重たい」というように練習していくことになります。第2公式の右腕温感の練習に進む場合は，「気持ちが落ち着いている／両腕両脚が重い／気持ちが落ち着いている／右腕が温かい」となります。

　練習の順番は「右腕→左腕→（両腕）→右脚→左脚→（両脚）→（両腕両脚）」で，第1，第2公式と順番に練習していきます。

2 練習時間と回数

　練習は毎日行うことが大切です。1回の練習時間は60秒程度で，これを1セッション3

表1-3 自律訓練法標準練習記録用紙（例）

自律訓練法標準練習記録用紙

提出日　平成　　年　　月　　日
氏　名

日付	時刻		公式	姿勢	練習の結果とその感想または症状 （気のついたことは何でも記入）
平成	朝	自　時　分 至　時　分			
	昼	自　時　分 至　時　分			
	夜	自　時　分 至　時　分			
平成	朝	自　時　分 至　時　分			
	昼	自　時　分 至　時　分			
	夜	自　時　分 至　時　分			

出所：内山喜久雄『自律訓練法』（臨床心理学体系8）金子書房，1990年

回繰り返し，1日に2～4セッション（朝，昼，晩，就寝前など）行います。1回終わるごとにきちんと消去動作をしましょう。

③毎日の練習結果の記録（表1-3）

◆**自律訓練法の特徴**

　自律訓練法は，①心の状態と関連の深い生理的側面の変化を重視している，②自分で段階的に進めていくセルフコントロールの方法である，③集団で指導することが可能であるなど，3つの大きな特徴を備えています。それ以外にも次のような効果があるといわれています。
・疲労が回復する。
・過敏状態が鎮静化する。
・自己統制力が増し，衝動的行動が少なくなる。
・仕事や勉強の能率が上がる。
・身体的な痛みや精神的な苦痛が緩和される。
・内省力がつき，自己向上性が増す。
・自律神経機能が安定する。
・自己決定力がつく。

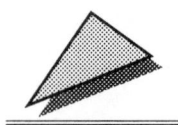

ためしてみよう

◆**重感の練習**

　第1公式，重感の練習を体験してみましょう。

1 単純椅子姿勢　　まず，一番身近にある椅子を使って姿勢をつくります。椅子に深く腰をかけます。脚は肩幅程度に広げ，直角ではなく少し鈍角になるように折り曲げます。次に，姿勢を正し，大きく深呼吸をし，息を吐き出し，そのときの首が少し前に傾くような姿勢（楽な姿勢）を保ちます。両手は軽く膝にのせ，目を閉じます。2～3回ゆっくり深呼吸します。吸うよりは吐くほうに意識を向け，ゆっくり長く息を吐くようにしましょう。少しでも体の力が抜けたら，次の順序で，静かに自分に語りかけます。

2 背景公式　　「気持ちが落ち着いている。気持ちが落ち着いている。……」と心の中で何回もつぶやきます。無理に落ち着けようとせず，さりげない態度で公式を繰り返し，少しでも落ち着いたと感じたらそれで満足するようにします。

3 第1公式（四肢重感）　　四肢の筋をリラックスさせる公式です。ここでは利き腕についての練習を行います。「右（左）腕が重たい。右（左）腕が重たい…」と心の中で何回も繰り返します（約1分）。ここでの重たさは，腕を重くしようと努力した結果得られるものではなく，利き腕にぼんやり注意を向けると自然に感じることのできるもので，力が抜けリラックスしたときに感じる重たさです。人によっては，「重だるい」「下へ引っ張られる感じ」と言う人もいます。完璧さを求めず，少しでも重い感じが味わえたらそれで良しとします。

4 消去動作　　練習を終了したら必ずこの動作を実施します。自律訓練法を進めていくうちに，自律訓練法特有の生理的変化や意識状態が生じてきます。この状態のまま目を開けたり立ち上がったりするとめまいや頭重感が起きる場合があるので，それを防ぐために次のような消去動作をします。

①両手を握り，少し力を入れて5～6回開閉する

②ひじの屈伸運動を3～4回行う。

③大きく背伸びをして，2～3回深呼吸する。

④最後にゆっくり目を開く。

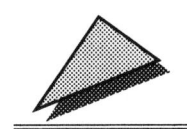

確認しよう

◆体験の振り返り

・自律訓練法はどのような体験だったでしょうか。やってみた印象を記入してみましょう。また，練習中に生じた体の変化や心理的な変化について（手がチクチクした感じ，気分がゆったりする，など）なるべく具体的に記入してみましょう。

・練習の進み具合や重感の感じ方は，練習者の性格，練習場所，練習状況によって異なります。重感練習がうまくいかない場合は次のような点をチェックしてみましょう。
・要求水準が高すぎないか
・受動的注意集中ができているか（意図的に努力して注意を集中するのでなく，さりげなく気持ちをそこに持って行く）
・訓練姿勢は適切か
・練習時間や回数は適切か
・公式言語は正しく用いられているか

［発展課題］

今日の経験をもとに自律訓練法に挑戦したい人は，重感練習を完成し，次に温感練習にも進みましょう。

練習を始めて最初の頃は，練習中に急に筋肉の一部がぴくぴくしたり，忘れていた過去の体験が浮かんでくることがあります。これは，生体が統一された全体として安定するための一時的に不安定な状態で，自律性解放と呼ばれるものです。自己洞察や治療的意義をもつ内容もあるので，練習中に生じた変化をなるべく具体的に記録し，指導者にみてもらうとよいでしょう。

第4章　からだとの対話

Part II 行動を変える

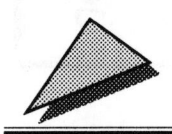

理解しよう

◆行動療法

　私たちの周りでは、犬にかまれると他の犬を見ても恐くなり近づけなかったり、大声で先生に叱られたので学校へ行けなくなってしまう、先生に当てられて本を読んだら笑われたので教室に入れなくなってしまった、というようなことが往々にしてあります。また、ひそかに憧れている先輩のしぐさをちょっぴり真似てそれがいつの間にか自分の癖になってしまい、なかなか直らない、テレビの主人公がプロポーズしてうまくいったのを見て、自分も同じようにプロポーズしたというような経験があるかも知れません。

　行動療法では、よいことをほめられその行動が身につきどんどん伸びていくのと同じように、恐怖症のような不適切な行動も私たちがいつの間にか学習してしまったものと考えます。したがって、行動療法の目標は、学習心理学の理論や手続きにしたがい、不適切な行動の減少や除去、適切な行動の再学習となります。

　行動療法で用いられている学習理論には下表のようなものがあります（表1－4）。

　レスポンデント条件付けで有名なのは、パブロフ（Pavlov, I. P.）の犬の実験です。犬の口に餌を入れると唾液がでる、というような当然生じる生理的な変化に、中性的な刺激であるメトロノームの音と餌を一緒に提示して、メトロノームの音で唾液が分泌するように行動を変容させるもので、情動（不安、怒りなど）、内分泌、内臓などの不随意反応の学習に関係します。これに基づく代表的な技法は、逆制止、脱感作法、情動イメージ法があげられます。

　オペラント条件付けとは、スキナー（Skinner, B. F.）の問題箱に入れられた空腹のねずみが、偶然レバーを押したことにより餌を獲得した経験から、餌を獲得するためにレバー

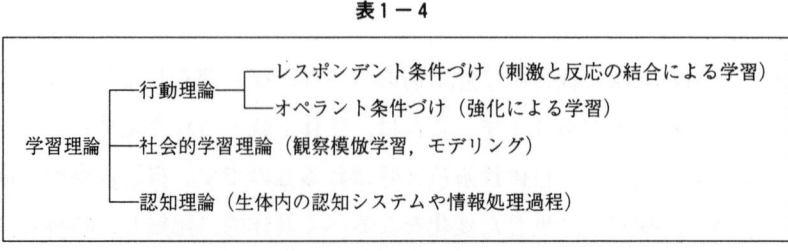

表1－4

```
学習理論 ─┬─ 行動理論 ─┬─ レスポンデント条件づけ（刺激と反応の結合による学習）
          │            └─ オペラント条件づけ（強化による学習）
          ├─ 社会的学習理論（観察模倣学習，モデリング）
          └─ 認知理論（生体内の認知システムや情報処理過程）
```

出所：窪内節子編『楽しく学ぶこころのワークブック』学術図書出版社，1997年

を押し続けるというように，行為や習慣などの学習に関係しています。これに基づく代表的な技法は，強化法，シェイピング，チェイニング，罰技法などがあります。

モデリング法とは，他の人々の行動を観察することによって新しい行動様式を獲得するもので，へびの嫌いな子どもの前で大人が平気な顔をしてへびに触ることで，子どものへび嫌いを治そうとするものです。

認知学習では，大脳過程での知覚，記憶，想像，計算，などが関係し学習様式はかなり複雑です。エリスの論理療法（第3章参照）やベック（Beck, A. T.）の認知療法の技法があります。

◆系統的脱感作法

系統的とは「順を追って」「段階的に」という意味で，脱感作というのは「敏感でなくなる」ということです。1958年，ウォルピ（Wolpe, J.）は，「不安と相容れない反応を不安誘発刺激の存在下に引き起こして，その結果，不安反応を全面的ないし部分的に抑制させた場合，これら刺激と不安の結合は減弱する」という逆制止の考えを導入してこの方法を開発しました。例えば，オリンピックを見ているとき，水泳や陸上競技などさまざまなレースで，選手がスタート前に深呼吸したり手足をブラブラさせているのに気がついたことはありませんか。これは，深呼吸や手足の筋弛緩がレースに対する不安や緊張を緩めてくれるからなのです（図1－8）。このような現象が逆制止といわれるものです。

図1－8　逆制止のメカニズム（リラクセーションを用いる場合）

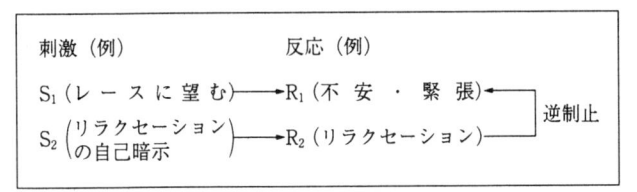

```
刺激（例）              反応（例）
S₁（レースに望む）─────→R₁（不安・緊張）┐
S₂(リラクセーション)───→R₂（リラクセーション）┘ 逆制止
   の自己暗示
```

出所：図1－7に同じ

系統的脱感作の基本的な手続きは以下の通りです。

[1] 不安反応に拮抗的でこれを制止できる反応（不安制止反応）を習得する。

不安制止反応には，弛緩反応（リラクセーション）や自律訓練法で得られる受動的注意集中，主張反応，性反応，摂食反応，運動反応，呼吸反応，過去の外傷経験を再現させる解除反応など種々あります。系統的脱感作には，弛緩反応（リラクセーション）や受動的注意集中が用いられ，対人関係から生起する不安制止には主張反応が，性的場面

での不安制止には性反応が効果的と考えられています。

②不安反応を引き起こす刺激場面を列挙し，これを弱から強へと段階的に配列して不安階層表を作成する。

③不安階層表の各場面を弱から強の順にイメージし，脱感作をはかり，イメージによって引き起こされる不安反応をリラクセーションやその他の方法によって制止する。

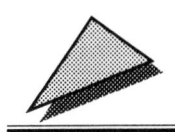

ためしてみよう

◆不安の克服

ここでは，不安階層表を作り，日常生活で経験する自分の不安の特徴に気づきましょう。

1. あなたが最近一番苦手としていること，恐れていること，不安やパニックを感じる事柄をなるべく具体的に（場面，場所，対象など）A欄に書いてみましょう。

    例：X先生の授業で，皆の前に出て英語で発表すること。

    　　バイト先で，先輩のYさんにわからないことを聞くとき。

2. そこであなたに生じる反応（気分，行動など）をB欄に記入しましょう。

    例：不安で胸がどきどきする。

    　　憂うつで足が重くなり思うように動けない。

A：事柄	B：反応

3. Bに記入されたような反応が生じるとき，自分にはどのような反応が欠けているかを考えてみましょう。例えば，ドキドキしているときは落ち着いていません。憂うつなときには鼻歌は歌っていないでしょう。このようにBとは同時に起こりにくい反応の仕方をC欄に記入してみましょう。気分や考え，身体反応などを具体的に書いてみましょう。

C：拮抗反応

第4章　からだとの対話

④Aの事柄を1番不安の強い事柄とし，それに近い事柄を4項目書き出しましょう。

　例　・X先生の授業で自分の席に立って英語の本を読む
　　　・大学に来る
　　　・大教室で授業を聞いている
　　　・X先生の授業に出てノートをとっている

```
                                                        順番      数値
_____ (  )    [    ]
_____ (  )    [    ]
_____ (  )    [    ]
_____ (  )    [    ]
```

⑤4項目の事柄の（　　）に不安の強い順に番号をつけます。

⑥Aの事柄で感じる不安の強さを100とすると，4項目の中で1番不安の強い事柄はいくつくらいになるかを数字で記入します。同じ要領で，それぞれの事柄について数字を記入します。

⑦次に出来事と不安の程度を記入して不安階層表を作成しましょう。

⑧Cの状態を自分でつくりだし，不安の程度の低いもの（事柄1）から，その事柄や場面にいる自分をイメージしましょう。そのイメージとCの状態が自分の中で十分共存できるまでイメージトレーニングを行い，事柄2，3へと進んで行きましょう。最後に事柄Aの中にいる自分をイメージし，そのイメージの中でもCの状態が続くように試みましょう。

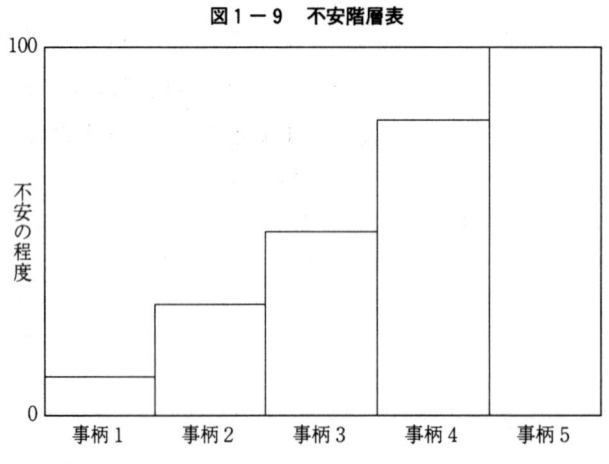

図1-9　不安階層表

（縦軸：不安の程度　0～100／横軸：事柄1，事柄2，事柄3，事柄4，事柄5）

出所：表1-4に同じ

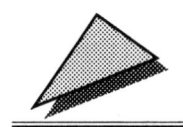

確認しよう

◆作業のふりかえり

今日の作業を体験してどうでしたか。感想を書いてみましょう。

　　一般的に，系統的脱感作法では，不安階層表を作成したのち，筋弛緩（リラクセーション）や自律訓練法をある程度習得してから脱感作を始めます。したがって，1回だけのイメージトレーニングでは大きな効果を期待するのは難しいと思われます。

　このような方法に関心をもった人は，次の点に注意して脱感作を続けてみましょう。

- 一般的な不安状況では，Cの拮抗反応としては，筋弛緩や自律訓練法が効果的であるといわれています。このような方法は練習が必要となりますから，まずは，パートIにもどって，自律訓練法の練習から始めましょう。ただし，楽しく食事をしたり，深呼吸したり，主張反応も拮抗反応になりますから，Bと同時に起こりえない反応をうまく見つけ出し，それを用いることでもかまわないでしょう。

- 不安階層表に記入する数値 SUD（subjective unit of disturbance：不安単位）は0から100までで，各項目間の SUD の値は10程度が望ましいとされています。したがって，不安症状が強い人は不安項目を10項目に増やしてみるとよいでしょう。また，不安項目に書き入れる事柄は自分が一番問題としている事柄Aに含まれている特徴や刺激と似たものをもっている場面を選ぶように心がけましょう。

第4章　からだとの対話　｜　45

人と人とのやりとり

第Ⅱ部

第1章　交流のパターンを学ぶ
第2章　自己表現のススメ
第3章　理解の枠組を広げる
第4章　カウンセリングに触れる

第1章
交流のパターンを学ぶ

　私たちは毎日いろいろな人と出会い，さまざまな会話をしています。ただ挨拶だけを交わす場合もあれば，昨日見たテレビのことや人のうわさ話などのたわいもない会話，深刻な悩みの相談などなど。例えば，「明日は晴れるかしら」と同じ言葉を口にしても，相手の応え方によっては「晴れるらしいから一緒にピクニックに出かけましょう。」などと話が弾みとても楽しい一時を過ごす場合もあれば，「天気予報では晴れと言ってましたよ。」「わかりました。どうもありがとう。」と話があっけなく終わってしまう場合もあります。また，「自分で天気予報を聞けばいいでしょう。どうしていつも人を頼りにするの！」「知っていたら教えてくれてもいいじゃない!!」などなどと言い合いになり，あげくの果ては大げんかに発展してしまう場合もあります。

　話し上手で，とげとげしい雰囲気が流れる場面を上手におさめ，相手にさわやかな気分を与える人もいれば，盛り上がっていた会話を一言ですぐに駄目にしてしまう人もいます。人と上手に話すこと，人と上手に付き合うこと，人と仲良くすることが多くの人の切実な願いであるにもかかわらず，どうしてこのようなことが生じるのでしょうか。

　この章では，交流分析（第Ⅰ部第1章参照）の中の「交流パターンの分析」を通して，コミュニケーションの法則を学び，人とのやりとりの際，出やすい自分の癖や他人への対処の仕方を知り，よりよい対人関係を築いていけるようにしましょう。

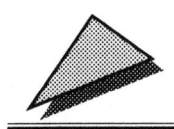

理 解 し よ う

◆交流パターンの分析

交流分析の創始者バーンは，2人の間のコミュニケーションをP，A，Cの3つの自我状態を用いて簡潔な形で分析することを考えました。ここでは，交流は1．相補的交流（スムーズな交流），2．交差的交流（行き違いの交流），3．裏面的交流（裏のある交流）の3つのタイプに分類されます。

1．相補的交流　　刺激と反応が互いに平行となるもので，図2－1のような情報交換，

図2－1(1)　情報交換

母親「○○ちゃん，今，何時？」
息子「今，8時15分だよ」

図2－1(2)　人の批判

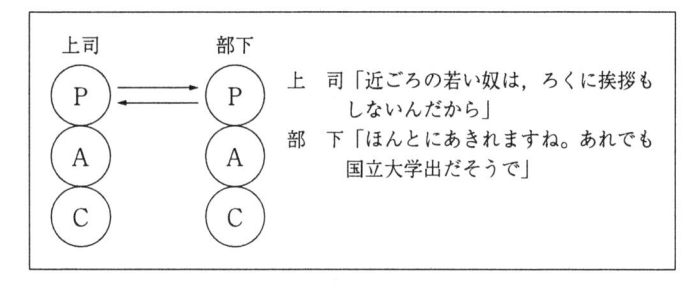

上司「近ごろの若い奴は，ろくに挨拶もしないんだから」
部下「ほんとにあきれますね。あれでも国立大学出だそうで」

図2－1(3)　恋人同士の対話

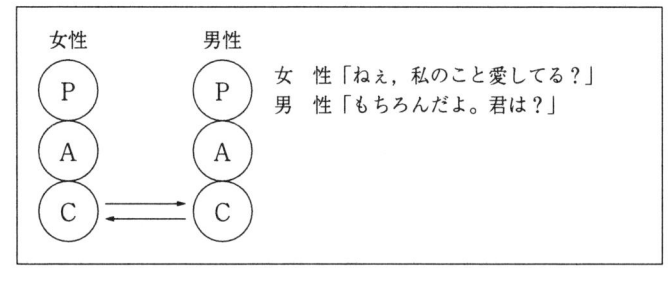

女性「ねぇ，私のこと愛してる？」
男性「もちろんだよ。君は？」

出所：杉田峰康『交流分析』（講座サイコセラピー8）日本文化科学社，1994年

第1章　交流のパターンを学ぶ

人の批判，恋人同士の対話，先輩・後輩の援助関係などが代表的なものです。この場合，ある自我状態に発信された刺激はまっすぐに受信者の自我状態に伝わり，そこから発信者の自我状態に戻ってくるので，ベクトルは平行線を形成します。

2．交差的交流　　相手に発信した言葉に対して予想外の反応が返ってきたり，自分が相手の気持ちを裏切る反応をする場合で，2つのベクトルは交差し，平行線にはなりません。このタイプの交流としては，図2－2のように，けんか，無理解，ひねくれなどがあります。図2－3のように異なったレベルの自我状態の間で平行線がみられる場合も交差的交流になります。

図2－2(1)　無理解

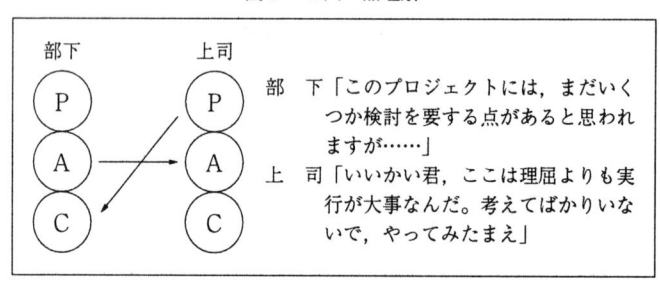

部下　　上司

部　下「このプロジェクトには，まだいくつか検討を要する点があると思われますが……」
上　司「いいかい君，ここは理屈よりも実行が大事なんだ。考えてばかりいないで，やってみたまえ」

図2－2(2)　けんか

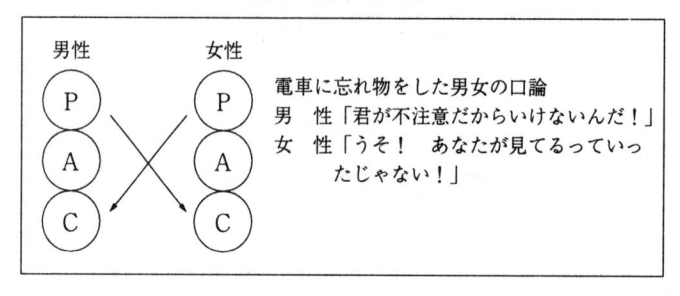

男性　　女性

電車に忘れ物をした男女の口論
男　性「君が不注意だからいけないんだ！」
女　性「うそ！　あなたが見てるっていったじゃない！」

図2－2(3)　ひねくれ

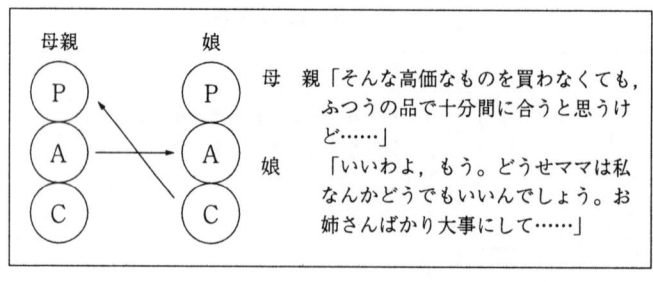

母親　　娘

母　親「そんな高価なものを買わなくても，ふつうの品で十分間に合うと思うけど……」
娘　　「いいわよ，もう。どうせママは私なんかどうでもいいんでしょう。お姉さんばかり大事にして……」

出所：図2－1に同じ

図2-3 大きな食い違い

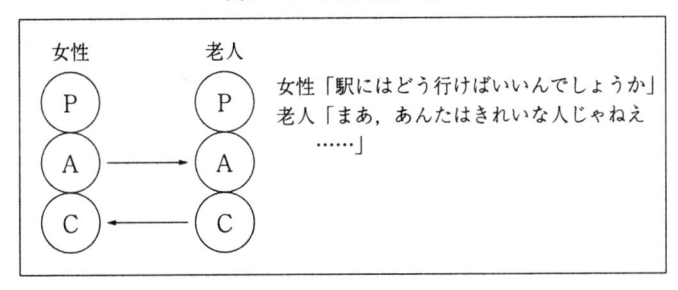

```
女性      老人
 P         P
 A ──────→ A      女性「駅にはどう行けばいいんでしょうか」
 C ←────── C      老人「まあ，あんたはきれいな人じゃねえ
                        ……」
```

出所：図2-1に同じ

3．**裏面的交流**　　表面で伝えているメッセージの裏に，それとは異なる隠れた目的や動機がある交流です。例えば，図2-4のように，入院患者が看護婦さんに贈り物をし，表面的にはP対Cの交流にみえますが，本心はCからPへ「私を特別扱いしてください。」というメッセージを送っているような場合です。裏面的交流は，このように1組の交流とは異なるもう1組の交流が隠れているダブルタイプと，セールスやお世辞・皮肉などのように1つの自我状態から表と裏の2つのメッセージが発信されているシングルタイプとがあります（図2-5）。

図2-4 贈り物

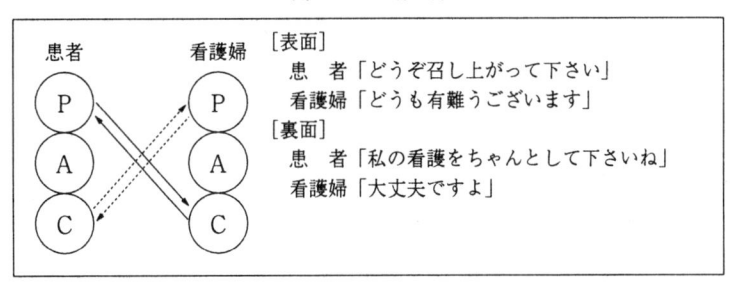

```
患者      看護婦
 P         P      ［表面］
                   患　者「どうぞ召し上がって下さい」
 A         A      看護婦「どうも有難うございます」
                  ［裏面］
 C         C      患　者「私の看護をちゃんとして下さいね」
                  看護婦「大丈夫ですよ」
```

出所：杉田峰康『交流分析』（講座サイコセラピー8）日本文化科学社，1994年より作成

図2-5 社交辞令

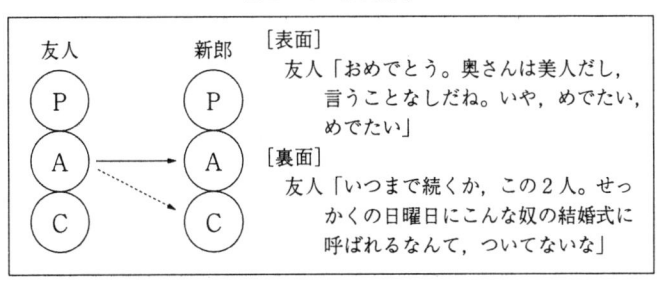

```
友人      新郎
 P         P      ［表面］
                   友人「おめでとう。奥さんは美人だし，
 A ──────→ A           言うことなしだね。いや，めでたい，
     ╲                めでたい」
        ╲         ［裏面］
 C         C      友人「いつまで続くか，この2人。せっ
                        かくの日曜日にこんな奴の結婚式に
                        呼ばれるなんて，ついてないな」
```

出所：図2-1に同じ

第1章　交流のパターンを学ぶ　51

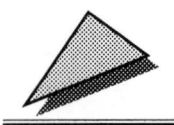

ためしてみよう

◆会話の交流パターンを知る

[1] 3人1組になります。

　グループのつくり方は自由ですが、日頃あまり話したことのない人と知り合いになるために、次のような方法を用いると面白いでしょう。

・全員が誕生日の早い順に並び、前から3人ずつグループをつくる。
・名前を「あいうえお」順に並べ、前から3人ずつグループをつくる。
・血液型が同じ者同士で集まり、その中でじゃんけんをして勝った順に3人ずつグループをつくる。

[2] 各グループにB5判の紙を6枚配り、大きく「P」、「A」、「C」と書いたものを2枚ずつ作ります。

[3] 2人がやりとりをし、残りの人が観察します。やりとりをする人はそれぞれ「P」、「A」、「C」と記入した紙を用い、自分が「P」から発信していると思うときは「P」の紙を持ちながら話します。「A」、「C」についても同様にします。やりとりが終わったら観察者が感想を述べ、1セッションが終了します。役割を交替して3人がすべての役割を経験します。

[4] 会話の場面は自分たちで設定しましょう。例としては次のようなものがあります。

・子どもが悪い成績を取ってきたときの母と子の会話
・遊びを計画している友だち同士の会話
・レポートが遅れた学生と先生の会話
・小遣いの値上げを要求している子どもと母の会話
・商品を売ろうとしている店員と客の会話

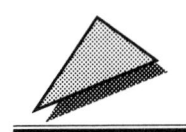

確認しよう

◆**自分の交流パターンのふりかえり**

さて，どういうコミュニケーションが展開できたでしょうか。先ほどの体験を思い出し，下の質問に答えてみましょう。

・自分はどの自我状態から発信することが多かったかを振り返り，自分のコミュニケーションの特徴に気づきましょう。

・どのような状態の時会話は長続きしたでしょうか。

・どこから発信すると気持ちの良い会話ができたでしょうか。

◆**コミュニケーションの法則**

交流分析ではコミュニケーションに3つの原則があるといわれています。

・第1原則……ベクトルが平行線になるときには，その話題に関するコミュニケーションはいつまでも進行する。
・第2原則……ベクトルが交差するときは，その話題についてのコミュニケーションはただちに途絶える。
・第3原則……社会的レベルのコミュニケーションにのみ焦点を合わせていては，人の行動を予測できない。心理的レベルも考慮しなければならない。

図2-6　最も起こりやすい対人反応

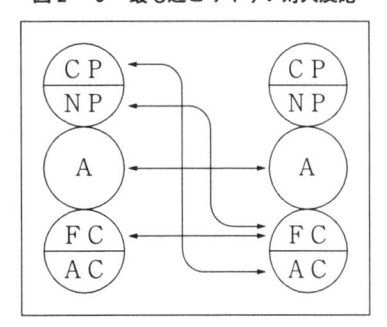

出所：図2-1に同じ

第1章　交流のパターンを学ぶ　53

◆交流の方向

　図2-6は私たちのコミュニケーションでもっとも生じやすい組み合わせです。
・CPからの発信は相手のACを刺激し，遠慮，恐怖，反抗を引き起こします。
・NPからの発信は温かみや思いやりがあり相手のFCの反応を誘い，相手はリラックスして感情表現がしやすくなります。
・Aからの発信は相手のAの反応を誘い，冷静な話合いには欠かせません。ただし，A同士の会話は感情があまり出ないので会話の流れはスムーズですが，単調で面白味に欠けることが多々あります。会話がこじれたときなどは，Aでやりとりをコントロールすると穏やかに話し合いができるでしょう。
・FCからの発信は相手のFCの反応を誘い，笑いや愛情表現に富んだ楽しいものとなります。学生同士の会話はFCとFCの平行的交流となることが多いので，たいてい話が盛り上がり長く続くでしょう。

◆非言語的メッセージ

　交流には，言葉だけではなく，顔の表情，身振り，姿勢，声の調子，など非言語的なも

表2-1(1)　親の自我状態

	性　質	言　葉	声・声の調子	姿勢・動作・表情 ゼスチャー
CP	○偏見的 ○封建的 ○権威的 ○非難的 ○懲罰的 ○批判的 ○排他的	○当然でしょ ○格言・諺引用 ○理屈を言うな ○言うとおりしなさい ○だめねえ ○バカだわ ○〜しなくてはいけない ○後で後悔するぞ	○断定的 ○嘲笑的 ○疑いがこもる ○押しつけ調 ○恩着せがましい ○威圧的 ○批判調 ○教訓的 ○説教調 ○非難めく	○全能者的（自信過剰） ○直接指をさす ○支配的 ○尊大，ボス的 ○ケンカ腰 ○他者を利用する ○コブシで机をたたく ○見下げる ○小馬鹿にする ○鼻にかける ○特別扱いを要求する
NP	○救援的 ○甘やかし ○保護的 ○なぐさめ ○心づかい ○思いやり	○してあげよう ○分かるわ ○淋しい（口惜しい）のね ○よくできたよ ○大丈夫〜できるわよ ○可哀そうに ○よかったね ○がんばりましょう ○まかせておきなさい ○いい子ね ○心配しないで	○やさしい ○安心感を与える ○非懲罰的 ○気持ちを察するような ○同情的 ○愛情がこもる ○温かい ○柔らかい	○手をさしのべる ○過保護な態度 ○ほほえむ ○受容的 ○肩に手をおく ○気づかいに満ちている ○世話をやく ○ゆっくり耳を傾ける

表2−1⑵　大人の自我状態

	性　質	言　葉	声・声の調子	姿勢・動作・表情 ゼスチャー
A	○情報収集志向 ○事実評価的 ○客観的 ○合理的 ○知性的 ○分析的	○まてまて ○誰が？ ○なぜ？ ○いつ ○いくら… ○どこで ○〜と思う ○具体的に言うと ○考えてみましょう ○私の意見では…	○落ち着いた低い声 ○単調 ○一定の音調（乱れていない） ○冷静 ○相手に合わせる ○明瞭 ○話し手は内容を理解している	○注意深く聞く ○冷静 ○観察的 ○機械的な態度 ○安定した姿勢 ○相手の目と合う ○時に打算的 ○考えをまとめる ○計算されている ○対等な態度

表2−1⑶　子供の自我状態

	性　質	言　葉	声・声の調子	姿勢・動作・表情 ゼスチャー
FC	○本能的 ○積極的 ○創造的 ○直観的 ○感情的 ○好奇心 ○自発的 ○行動的	○感嘆詞 ○きれいだ！ （汚ない！痛い！） ○〜がしたい ○好きよ，嫌いだ ○ほしい ○お願い ○やって ○できない ○助けて ○うれしい	○開放的 ○のびのびした調子 ○大声で ○自由・自然 ○感情的 ○興奮調 ○明るい ○くったくない ○無邪気 ○楽しそう	○自由な感情表現 ○活発 ○自発的 ○よく笑う ○ふざける ○ユーモアに富む ○楽観的 ○ときに空想的 ○リラックスしている ○自然に要求できる ○素直に甘える
AC	○順応的 ○感情抑制 ○反抗心 ○消極的 ○依存的 ○イイ子	○困るんです ○〜していいでしょうか ○よく分かりません ○ダメなんです ○どうせ私なんか… ○〜するつもりです ○ちっとも分かってくれない ○悲しい・憂うつ ○淋しい・くやしい ○もういいです	○ボソボソ声 ○自信がない ○くどい ○遠慮がち ○陰のある響き ○かみつく ○恨みがましい ○ときに激昂 ○あわれっぽい	○まともに見ない ○気を使う ○迎合的 ○ため息 ○同情を誘う ○反抗的 ○おどおど ○とり入る ○じめじめ ○無遠慮 ○挑戦的

出所：図2−1に同じ

のも含まれています。言葉によるメッセージが理解されるためには，話し手の言葉ばかりでなく，これら非言語的要素も十分に考慮に入れる必要があるでしょう（表2−1）。

第2章
自己表現のススメ

　仲の良い友だちとカラオケに行くことはとても楽しいことです。しかし，あなたが，レポートの締めきりが迫っていて，今日は早く帰って頑張ろうと思っていたときだったら，どうでしょうか。あなたはどうするでしょうか。

　また，友だちと電話でお喋りすることは，交友を深めるためにはとてもいいことであるし，楽しいことです。しかし，これが久しぶりに家族そろって温かい鍋などを囲んでいるときだったらどうでしょうか。特に，友だちの話しが深刻で時間がかかるような場合……。

　私たちは，対人場面で，周りの人たちの気分を害することをおそれて，断りたいけれども無理をして相手に合わせてしまう，他の人たちと異なった意見や感想が言えない，などといった自分の意志に反する行動をとってしまいがちです。その結果，自分のことを，人前では何も言えない駄目な人間と思い込み自己嫌悪に陥ったり，周りの人は自分の気持ちを察してくれないと，周囲に不満をつのらせたりしてしまいます。そのようなことが重なると，無理をしてでも大切にしたかった人との関係にひびが入る結果となってしまいます。では，自分の考えや気持ちを大切にし，それを率直に表現しても，人間関係を損なわない方法はないのでしょうか。

　お互いを大切にしながら，それでも率直に，素直にコミュニケーションをすることをアサーションといいます。この章では，アサーションの概念を理解し，自分のアサーション度を知り，さわやかに自己表現していくことを学び，よりよい対人関係を展開していくための基礎を固めましょう。

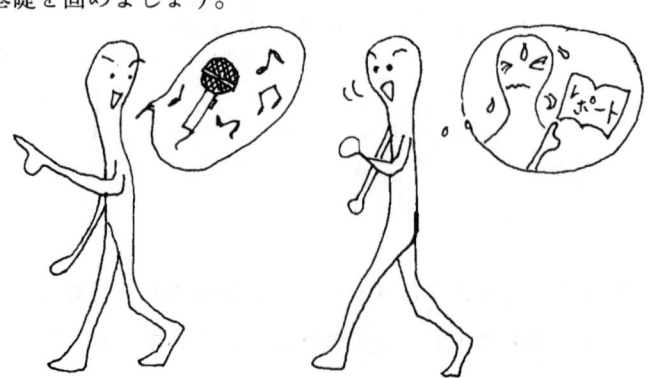

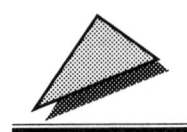

理解しよう

◆アサーションとは

　アサーションの考え方と技法は，1950年代のアメリカで，対人関係がうまくいかなくて悩んでいる人や，自己表現が下手で社会的場面が苦手な人のための治療法として開発されました。その後，基本的人権をめぐる社会的・文化的動きが，攻撃的にならずにしかも強力に自己主張するアサーションという方法を支持することとなり，個人的な治療だけでなく，人権としてのアサーションという考え方に発展し，今日にいたっています。

　では，具体的にアサーションとはどういうことなのでしょうか。はじめに，私たちが日頃どういう対人関係の持ち方をしているかについて考えてみましょう。

・攻撃的……自分のことだけを考えて他の人を踏みにじる考え方
・受身的……自分よりも他の人のことを優先し，自分のことは後回しにするやり方
・アサーティブ……自分のことを考えるが，他の人をも配慮するやり方

　私たちが攻撃的な自己表現を用いたとすると，自分の主張が通っても，その強引さのために後味の悪いことが多く，後悔することになります。また，相手の方も，傷ついたり，腹を立てたり，時としては復讐心を抱いたりし，相互の関係はギスギスしたものになりかねません。

　受身的な自己表現は，自分の気持ちや考え，信念を表明しなかったり，しそこなったりすることです。このような言動をした後は，後悔や，劣等感，あきらめなどの否定的な気持ちが残り，相手に対しては，「自分を理解してくれない」といった，不満や恨みを抱くことになってしまいます。

　アサーティブとは自分も相手もどちらをも大切にした自己表現で，自分の考え，気持ち，信念などを率直にその場にふさわしい形で表現することです。この場合，相手もアサーティブになることを奨励されるので，意見が衝突することもあります。しかし，お互いの意見を率直に出し合って納得のいく方法で結論が出るので，自分の意見が通らなかったとしても，お互いに相手に大切にされたという気持ちをもち，さわやかさが残ります。

◆アサーション権

　日本では「謙譲の美徳」という言葉があるように，自分を抑えて相手に譲ることが良しとされる風潮があるため，頭ではアサーティブな自己表現が望ましいことが理解できても，

現実的にはアサーションを行動に移すのは大変難しいことです。ここで，誰もがアサーティブになってよいというアサーション権について考えてみましょう。アサーション権は男性・女性，大人・子どもを問わず，すべての人が生まれながらにもっている自己を表現する権利です。この権利には一見当たり前のように思われ，普段私たちが意識することが少ないものがたくさんあります。人との信頼，思いやり，親密さなど，よい人間関係の基本を学んでいくにはアサーション権を知り，自信をもって行動していくことが大切です。アサーションに関係する権利は数え上げればきりがありません。ここでは生活態度の基礎となるものについて取り上げてみましょう。

1 私たちは自分の要求を言葉で表し，1人の人間として自分で物事の優先順位を決める権利がある。
2 私たちには，聡明で能力のある対等な人間として尊重され扱われる権利がある。
3 私たちには，自分の感情を言葉で表現する権利がある。
4 私たちには，自分の意見と価値観を述べる権利がある。
5 私たちには，「イエス」，「ノー」を自分自身で決めて言う権利がある。
6 私たちには，間違いをする権利がある。
7 私たちには，考えを変える権利がある。
8 私たちには，「わかりません」という権利がある。
9 私たちには，自分が欲しいものを欲しいと言い，したいことをしたいと言う権利がある。
10 私たちには，他人の悩みの種を自分の責任にすることを断る権利がある。
11 私たちには，人から是認されることを当てにすることなく人と接する権利がある。
12 私たちには，自己を主張しない権利もある。

◆アサーティブな表現をするために

私たちは，日々，さまざまな場面で他とのコミュニケーションを行っています。いろいろな場面でアサーティブな自己表現をしていくにはどのような注意が必要でしょうか。アサーティブな自己表現をするための基本的な心がまえをあげておきましょう。

・自己開示をする。
・「おまけ」の情報を提供する。
・「開かれた」質問をする。
・積極的に相手の話しに耳を傾ける。

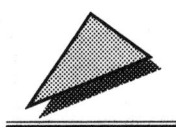

ためしてみよう（1）

◆アサーティブ・チェックリスト

次の1～30の文章を読んで，最近の自分の行動を振り返って，あてはまると思う番号を○で囲みましょう。

	まったくそうでない / あまりそうでない / ややそうである / かなりそうである
1. 私は欠陥商品を買わされたことに気づいたら，店にそれを返す。	1 — 2 — 3 — 4
2. 私は大勢の前で気軽に大きな声で話すことができる。	1 — 2 — 3 — 4
3. 私は親しくなりたい人に率先して働きかける。	1 — 2 — 3 — 4
4. 私は一度決心したことは最後までやり通す。	1 — 2 — 3 — 4
5. 私は自分を頼りなく感じたとき，自分のよさを認め，できるだけ安定した行動をするよう努める。	1 — 2 — 3 — 4
6. 私は友人が私の信頼を裏切ったとき，私はその人に私がどう感じているかを伝える。	1 — 2 — 3 — 4
7. 私はレストランで出された食事が注文通りでなかったとき，係の人に苦情を言う。	1 — 2 — 3 — 4
8. 私は年輩でまわりから尊敬されている人の意見でも，強く反対できるときは自分の考えをはっきり言う。	1 — 2 — 3 — 4
9. 私は何かで成功したことをちゅうちょなく話せる。	1 — 2 — 3 — 4
10. 私は誰かが私を批判したとき，言い訳などしないで率直に批判に耳を傾ける。	1 — 2 — 3 — 4
11. 私は人があるものを借りたいと言ってきたとき，本当はそうしたくなければ断る。	1 — 2 — 3 — 4
12. 私は喜怒哀楽をこだわることなく表す。	1 — 2 — 3 — 4
13. 私は相手が理不尽な要求をしてきたとき，それに抵抗を示す。	1 — 2 — 3 — 4
14. 私はある人が私をねたんでいると告げたとき，罪悪感や言い訳の気持ちを感じないで，その人のありのままを受け止められる。	1 — 2 — 3 — 4
15. 私は何でも話し合える親友がいる。	1 — 2 — 3 — 4
16. 私は自分の過ちをすぐに認める。	1 — 2 — 3 — 4
17. 私はたいへん疲れている時，家人がどうしても友人をつれてきて夕食をごちそうしたいと言ったら，自分の気持ちをオープンに話し，何か他にうまい方法はないか相談する。	1 — 2 — 3 — 4
18. 私は列に並んでいる私の前に誰かが割り込もうとしたら抗議する。	1 — 2 — 3 — 4
19. 私はもし店員が商品を見せるのにかなり手間をかけるようであったら「けっこうです」と言うことができる。	1 — 2 — 3 — 4
20. 私は誰かとある話題について討論し，彼らと意見が異なる際，彼らにその相違点をはっきり主張する。	1 — 2 — 3 — 4
21. 私は人におせじを言ったり，ほめたりすることができる。	1 — 2 — 3 — 4
22. 私は自分の行為に対していかなる場合でも責任をとる。	1 — 2 — 3 — 4
23. 私は友人に他の人と一緒に招かれ，本当は行きたくないとき，その招きを断る。	1 — 2 — 3 — 4
24. 私は不公平に扱われたら異議をとなえる。	1 — 2 — 3 — 4
25. 私は給与が不当に低い場合，増額をとなえる。	1 — 2 — 3 — 4
26. 私はお金持ちや高学歴者や有名人の中にいても，自分らしくふるまうことができる。	1 — 2 — 3 — 4
27. 私は必要とあらば，他人に助けを求めることができる。	1 — 2 — 3 — 4
28. 私は他人の感情を傷つけないようにいつも細心の注意をはらう。	1 — 2 — 3 — 4
29. 私は友人が電話をかけてきて，あまりにも長引くようなとき，要領よく会話を打ち切ることができる。	1 — 2 — 3 — 4
30. 私は誰かにいやなことをされたとき，やめてくれるように頼む。	1 — 2 — 3 — 4

出所：菅沼憲治『アサーティブ・チェックリスト』（青年心理）金子書房，1989年

確認しよう

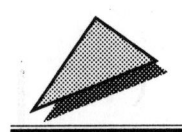

◆結果の整理

質問紙に記入し終わったら，1…1点，2…2点，3…3点，4…4点として，結果の算定表（表2-2）に記入し，各行の合計点を出し，右の合計欄に記入します。

各項目の得点をアサーティブ・チェックリスト・グラフ（表2-3）に記入し，折れ線グラフを完成させてください。

◆アサーティブ・チェックリスト・グラフの見方

AからFの各尺度の意味は次の通りです。

A：正当な権利主張。得点の高い人は，自分が幸せになるために必要な権利を遠慮することなく主張できる人です。得点の低い人は，自分が幸せになる権利を放棄しているお人よしタイプです。

B：自己信頼。得点の高い人は，人生その時々の状況を楽しく過ごそうとする自己肯定的な人です。得点の低い人は，自分の言動にけちをつけたがる自己否定的な人です。

表2-2 結果の算定表

A	1	7	13	19	25	計
B	2	8	14	20	26	計
C	3	9	15	21	27	計
D	4	10	16	22	28	計
E	5	11	17	23	29	計
F	6	12	18	24	30	計

表2−3 アサーティブ・チェックリスト・グラフ

20						
18						
16						
14						
12						
10						
8						
6						
4						
2						
0						
項　　目	A	B	C	D	E	F
項目内容	正当な権利主張	自己信頼	自己開示	受容性	断る力	対　決
得　　点						

C：自己開示。得点の高い人は，ざっくばらんな人柄で，本音の話しができる人です。得点の低い人は，建前の話しが多く，人間らしい触れ合いが生まれにくい人です。

D：受容性。得点の高い人は，前向きな生きかたができる人です。得点の低い人は，不満を抱えて自己嫌悪に陥る人です。

E：断る力。得点の高い人は，独立独歩のスタンスの持ち主です。得点の低い人は，他者の責任まで自分で引き受けてしまうイエスマンです。

F：対決。得点の高い人は，対立場面でもけんかの構造に巻き込まれることなくさわやかに自分の感情が表現できる人です。得点の低い人は，勝ち負けにこだわるあまり，自分や相手を必要以上に傷つける人です。

・健康な男子学生の平均点は次のとおりです。
　　A…14.5　B…13.3　C…15.2　D…13.9　E…13.6　F…14.7
・健康な女子学生の平均点は次のとおりです。
　　A…13.4　B…11.7　C…15.0　D…13.4　E…12.4　F…12.4
・それぞれの尺度について自分の得点を知り、自分のアサーションの偏りや特徴に気づきましょう。

自分のアサーション・スタイルを振り返りましょう

　あなたの結果はどうでしたか。チェックリストを見て、気づいたことを書いてみましょう。

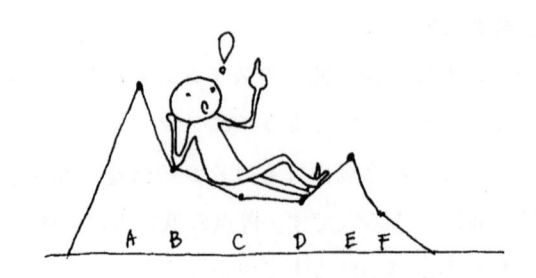

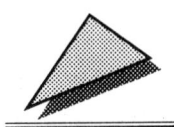

ためしてみよう（2）

◆**アサーションの練習**

　3人1組になり，1人が問題状況を起こしている人，1人がそのことで困っている人，1人が観察者になります。問題状況で困っている人が，相手に断ったり，提案したりして問題状況を解決するよう努力してください。観察者はじょうずに問題が解決できたかどうかを判定します。3人がすべての役割を経験するようにします。

　問題状況は何でもかまいません。次のような場面を参考にしましょう。

- 自分の家の前に車が駐車してあるので，家の車が出せなくて困っている。
- マンションの上の部屋の人が夜中に洗濯機を回すので困っている。
- 夜中に，友だちから結婚を決めるかどうかについての重要な相談を電話でされたが，あなたは翌日大切な仕事があり，朝，5時に家をでなくてはならない。
- 公園で犬を放す人がいるので，子どもが怖がっている。
- あなたが買ったばかりで大切にしているCDを友だちがどうしても貸してほしいとしつこく言ってくる。
- 友だちが今日の授業で使う教科書を購入するお金を忘れ，あなたに貸して欲しいと言ってきた。あなたは余分のお金を持っているが，その友だちは以前にお金を貸したとき，なかなか返してくれなかったので，あなたは貸したくない。

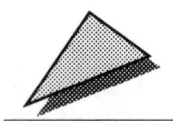

確認しよう

◆体験の振り返り

　さて，あなたはじょうずに問題を解決できたでしょうか。どのように話したら，相手の気分を害せずに自己主張できるかについてグループで話し合い，その結果を書いてみましょう。

◆課題解決のためのセリフ

　具体的なアサーションの方法として「DESC」というセリフづくりの方法が提案されています。これは4つのステップにしたがってセリフをつくり上げていく方法で，まずはじめに，自分が対応しようとする状況や相手の行動を客観的に具体的に描写（D: describe）します。次に，状況や行動に対する自分の気持ちを表現（E: express）し，第3番目は，具体的で現実的な解決策を提案（S: specify）します。最後は，提案に対する肯定的，否定的結果を考えたり，それに対してどういう行動をするかを選択（C: choose）します。
では，「自分の家の前に車が駐車してあるので，家の車が出せなくて困っている」状況についてDESCにしたがってセリフづくりをしてみましょう。

　D…この家の者ですが，私の家の前に車を止めていらっしゃいますよね。
　E…特別な事情があるのかもしれませんが，家の車が出せなくて困っています。
　S…近くに駐車場があるのでそちらに移動していただけませんでしょうか。そこなら路上駐車するより安全ですよ。
　C…（返事がイエスの場合）ありがとうございます。助かります。
　　　（返事がノーの場合）それでは，今，車が出せる位置にちょっと移動していただけますか。

[発展課題]

　先ほどグループで取り上げた問題状況を解決するために「DESC」にしたがってセリフづくりをしてみましょう。

D

E

S

C（イエスの場合）

　（ノーの場合）

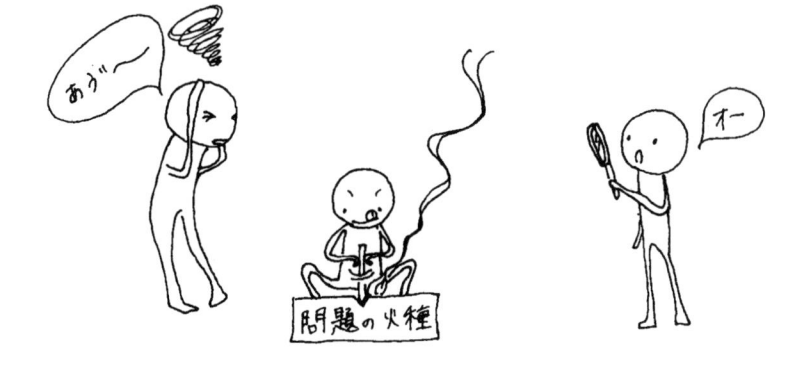

第2章　自己表現のススメ

第3章
理解の枠組を広げる

　子どもが目にいっぱい涙をためて台所から飛び出してきたので，何事が起きたのかとそばにとんでいったら，実はたまねぎを切っていて涙が止まらなくなったという笑い話のような経験をしたことがあります。私たちは人が泣いているのを見ると，たいてい「悲しいことがあったのだろう」とか，「きっと淋しいに違いない」などと思い込んでしまいがちです。しかし，「うれし泣き」という言葉があるように，人は幸せを感じたときにも泣いたりします。このように，「泣く」という行動ひとつをとってみても，その背後にはさまざまな感情が隠されているのです。

　また，ある1つの感情が湧き上がったとき，それをどのように表現するかは十人十色です。「うれしい」とき，鼻歌を歌う人もいれば，あちこちに電話をかけまくる人もいるでしょう，一人でニヤニヤする人もいれば，わざと何事もなかったかのように装う人もいるでしょう。

　私たちは人の「行動」を見て，その人の「気持ち」を想像したり，判断し，その人にかかわっていきます。しかし，たった1つの行動であっても，その背後には複雑なシチュエイションが存在しています。人とじょうずにコミュニケーションしていくには，自分とは異なった環境にいる人たちの感じ方，行動の仕方を理解することが大切です。

　この章では，ブレーン・ストーミングの方法を用いたグループ学習をし，他のメンバーのいろいろな考え方や感じ方に触れてみましょう。そして，自分に特徴的なものの見方に気づき，少しでも多面的に人を理解できるように自分の頭にゆさぶりをかけてみることにしましょう。

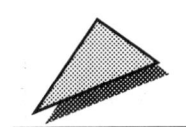

理解しよう

◆ブレーン・ストーミング

　ブレーン・ストーミングとは，アメリカで開発された集団的思考法，討議法のひとつで，会議のメンバーが互いに他を批判することなく，自由に，思いつくままに，できるだけたくさん意見や考えを出し合う方法です。その方が，時として思いがけない意見やアイディアが生まれ，すぐれた発想が引き出されるといわれています。

　ブレーン・ストーミングではすぐれたアイディアを見つけ出すというよりは，思考の枠組みを広げてさまざまな視点から新しい考えを生み出すことが重視されます。良い・悪いを考えずにお互いに自由に自分の考えを述べることが大切です。

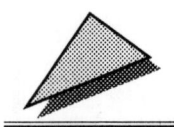

ためしてみよう（1）

◆行動からみた感情への気づき

　最近，子どもたちの世界では，いじめの問題が深刻化しています。エスカレートするいじめに耐えられなくて自殺する子どもたちのニュースも聞かれます。ここでは，「人をいじめる」という行動の背景にはどのような感情，欲求，期待，意図が隠されているかを考えてみましょう。

　5〜6人のグループに分かれ，ブレーン・ストーミングの方法でできるだけたくさん（20以上）あげましょう。必ず1人1つは言うようにしましょう。

人をいじめる	
1	2
3	4
5	6
7	8
9	10
11	12
13	14
15	16
17	18
19	20

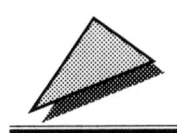

ためしてみよう（2）

◆**感情からみた行動の理解**

　うれしさ，淋しさ，悲しさ，怒りなど，私たちは人とのコミュニケーションを通してさまざまな感情を体験します。しかし，同じような感情であっても，その人の性格やその場の状況で，そのような感情を表現する方法は異なっています。ここでは，感情の面から感情と行動との関係について考えてみましょう。

　「悲しいとき」人はどのような行動にでるでしょうか。

　5〜6人のグループに分かれ，ブレーン・ストーミングの方法でできるだけたくさん（20以上）あげましょう。必ず1人1つは言うようにしましょう。

悲しいとき	
1	2
3	4
5	6
7	8
9	10
11	12
13	14
15	16
17	18
19	20

第3章　理解の枠組を広げる

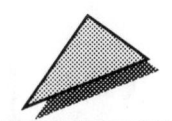

ためしてみよう (3)

◆**非言語メッセージの理解**

図2-7

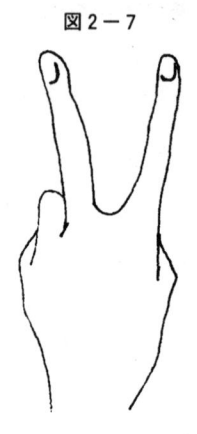

　私たちは，椅子のかけ方，手の置き方など，表情や服装など，相手のちょっとしたしぐさや態度から相手の感情や欲求，期待などを読み取ることができます。ここでは，このような非言語的なメッセージについて考えてみましょう。

　右の絵はどのようなことを意味するでしょうか。

　5～6人のグループに分かれます。ブレーン・ストーミングの方法でできるだけたくさん（10以上）あげましょう。必ず1人1つは言うようにしましょう。

1	2
3	4
5	6
7	8
9	10
11	12

確認しよう

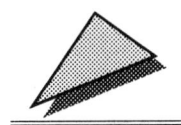

◆**体験の振り返り**

・さて，あなたはいくつ書けたでしょうか。1人で20以上あげることができた人は，相当柔軟な頭の持ち主といってよいでしょう。
・このような作業をとおしてどのような感想をもったでしょうか。感じたことを書いてみましょう。

◆**さまざまな気持ち・さまざまな表現**

［ためしてみよう（1）］

　私たちは，「人をいじめる」行為は悪いこと，いじめっ子は悪い子と決めつけてしまいがちです。しかし，好きな気持ちを相手に悟られたくなくて，わざといじめることもあります。また，先にいじめないと自分がやられてしまうので，自分を守るためにいじめるということもあります。いじめっ子を理解し，いじめをなくするためには，「いじめ」という行動の背景に含まれているさまざまな感情を理解していくことが大切なのです。

　以下に参考例をあげておきます。まだまだたくさんあるかもしれません。自分の答えとつき合せてみてください。

好きだから（照れ隠し），自分がいじめられたくないから，部活内の伝統，優越感を味わうため，ストレス発散，先にいじめないと自分がやられるから，仲間はずれになるから，面白いから，嫉妬心から，みんなでいじめると連帯感が生まれるから，誰も自分をかまってくれないから，人の気をひくために，自分がいじめられたからやり返す，自分に気持ちの余裕がないから，いじめることが面白いから，自分とあわないから，相手がなまいきだから，自分より弱いから，目立ちすぎるから，征服欲，憎しみ

第3章　理解の枠組を広げる

[ためしてみよう（2）]

　私たちは「悲しいとき」は「泣く」，と連想してしまいがちですが，悲しいからこそ，楽しいことを考えたり，大騒ぎすることもあります。感情の表現方法も，表現する人やその時の状況によって大いに異なってきます。自分の枠組だけでものを見ないで，人の行動の複雑さや多様さを理解していきましょう。

　以下に参考例をあげておきます。自分の答えと比べてみてください。

> 泣く，叫ぶ，暴れる，傷心旅行，電話する，手紙を書く，メールをいれる，やけ食い，やけ酒，ふて寝，海を見る，山に行く，遊園地に行く，ボーッとする，カラオケに行く，思い出のアルバムを見る，楽しいことを考える，大きな物を見て自分の小ささを悟る，踊る，音楽を奏でる，音楽を聴く，映画を観る，暗い部屋にうずくまる，無理に笑う，拒食，ドライブに行く，勉強や仕事などに打ち込む，運動する，思い出を燃やす，買い物をする，人の大勢いるところに行く，電話でお母さんの声を聞く，1人で閉じこもる，髪を切る，人や物に八つ当たりをする，自殺する

[ためしてみよう（3）]

　「目は口ほどにものを言う」ということわざがありますが，ボディランゲージといって，私たちの視線，表情，姿勢，動作，人と人との距離，身体接触のしかたなども，コミュニケーションの手段として重要な要因になります。例えば，手や腕の動作ひとつをとってみても，両腕を組んでいれば自信あり気にみえたり，横柄な印象を受けたりします。こぶしを握り締めていれば，緊張しているのかと思ったり，腹を立てているのかと考えたりします。しかし，このような人の仕草から感情を読み取る場合も，いったん固定観念という枠組から離れることが大切です。

　以下に参考例をあげておきます。自分の答えと比べてみてください。

> Vサイン，2つ，はさみ，じゃんけんのチョキ，めつぶし，カニ，しっぺ，あいさつ，うさぎの耳，虫の触覚，人の足，コンパス，タバコを吸うしぐさ，フォークボール，ウルトラマンのビーム，ピース，カット

[発展課題]
　次のような課題にも挑戦してみましょう。
・うそをつくときの気持ち
・学校に行けない生徒の気持ち
・泣くときの気持ち
・ストレスを感じたときの行動
・寂しいときの行動
・好きになったときの行動
・下の絵の意味

図2-8

第4章
カウンセリングに触れる

　少し前までは，カウンセリングを受けるというと何か深刻な心の病にかかっているかのような誤解がありました。しかし，最近はカウンセリングブームというか，カウンセリングという言葉が気軽に使われるようになり，心の問題だけでなく，化粧品の使い方の相談や，結婚相談，進路相談など，さまざまな場面にカウンセラーと称する人が登場するようになりました。

　では，一体カウンセリングとはどういうことなのでしょうか。英語の辞書で counselor と引いてみると，助言者，相談役などの次に法廷弁護士という意味が載っています。このように，counselor という言葉は，海外では初め弁護士などの意味で用いられていたようです。ところが，アメリカのパーソンズ（Parsons, F.）が，青少年のための職業指導運動を始めたことが基礎となり，その後，ガイダンス，心理療法，教育相談などの相談活動として発展してきました。

　カウンセリングの意味や方法は，研究者の立場によってさまざまに定義されていますが，現在，私たちがカウンセリングを学ぼうとする際，必ず出てくるのが「非指示的カウンセリング」やそれが発展した形の「来談者中心療法」です。

　この章では，来談者中心療法の考え方や基本的姿勢を学び，カウンセリングマインドをもったコミュニケーションに挑戦してみましょう。

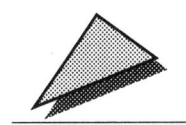

理解しよう

◆来談者中心療法とは

　来談者中心療法の考え方は，アメリカのロジャーズ（Rogers, C. R.）が1942年に出版した『カウンセリングと心理療法』という本の中で明らかにされました。この方法は，治療者がクライエントに指示ないし示唆を与える，従来の伝統的なカウンセリングとは異なり，クライエントの中に潜在している可能性を成長させることに重点をおいています。カウンセリングのプロセスは，まず，クライエントが自分の問題について話し，このことにより，クライエントとカウンセラーは共にその問題に対して十分な理解と洞察をもつことをめざします。そして，クライエント自身が主体性をもって自己選択していくのです。

◆治療の原理

　ロジャーズによれば，建設的なパーソナリティ変容が起こるためには次のような条件が存在し，それがかなりの期間継続することが必要になります。
- 2人の人間が心理的な接触をもっていること。
- 第1の人―この人をクライエントと名づける―は，不一致の状態にあり，傷つきやすい，あるいは不安の状態にあること。
- 第2の人―この人を治療者と呼ぶ―は，この関係の中で，一致しており，全体的に統合していること。
- 治療者は，クライエントに対して無条件の肯定的な関心を経験していること。
- 治療者は，クライエントの内的枠組みについて共感的理解を経験しており，この経験をクライエントに伝達するように努めていること。
- 治療者の共感的理解と無条件の肯定的関心をクライエントに伝達するということが最低限達成されること。

◆パーソナリティ理論

　クライエントは不一致の状態にある人とされていますが，これはどのような状態を指すのでしょうか。ロジャーズは，パーソナリティを「自己概念」と「経験」とで説明しています（図2－9）。「自己概念」とは，自分は勇気のある人だ，自分は秀才だ，というようにクライエントが自分自身についてもつ認知のことです。「経験」とは，クライエントが

図2-9　自己概念と適応（Rogers, 1951）

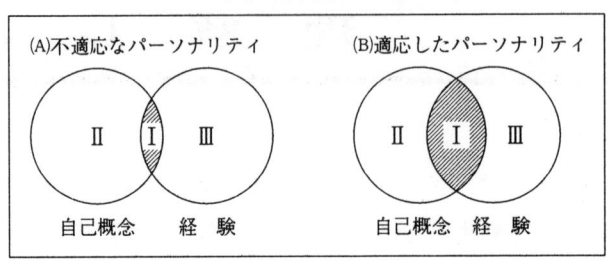

(A)不適応なパーソナリティ　　(B)適応したパーソナリティ

自己概念　経　験　　　　自己概念　経　験

出所：内山喜久雄ほか『カウンセリング』（講座サイコセラピー1）日本文化科学社，1994年

実際に経験することです。私たちは，発達するにしたがって親や先生をはじめ，周りの人たちからの価値観や評価などを取り入れてその人なりの自己概念を形成していきます。この自己概念によって，さまざまな経験に自分なりの秩序を与えることができ，周囲に対しても一貫した態度をとることができるのです。しかし，自己概念が経験を歪めてしまうこともあります。領域Ⅰは，自己概念と経験が一致した部分です。この部分がより大きい人は，よく適応したパーソナリティをもち，十分に機能する人といえるでしょう。この部分が小さい人は，自己概念と相いれない経験が相当に多い人で，緊張と内的混乱が生じ不安な状態になっているのです。このような状態が不一致で，カウンセリングの役割は，クライエントが不一致の状態に気づく場を提供することであるともいえます。

◆カウンセリングの技法

　カウンセリング関係は，クライエントの自己実現力を最大限促進させるための援助の関係でもあります。カウンセラーの温かさと応答的な態度，受容的で共感的な態度によって，クライエントの自由な感情表現を促進させることが大切とされていますが，具体的には次のような技法が重視されています。

・感情の受容……別名「簡単な受容」とも呼ばれています。クライエントがどのような感情や態度を表現しようとも，「ええ」「うんうん」「なるほど」「はい」などと言いながらそれを受容し，クライエントの内部感情に焦点を合わせ，共に体験しながら相手にもっと自己探求や自己表現を促すこと。クライエントの側からすれば自分が十分に聞いてもらえているのか，事務的に聞き流されているのかを感じ取る重要な応答です。その発言の中にある非言語的な側面（表情，態度，動作など）にも配慮して応答しなければなりません。

・感情の反射……クライエントが表明した感情を，カウンセラーがとらえて相手に返すこ

と。その際，相手との間の感情の文脈を体験しながら応答していく必要があります。
- 内容・問題の繰り返し……クライエントの表現したいことをまとめるのでもなく，ただ述べられたことを繰り返すだけのもの。これによって，カウンセラーが積極的に傾聴し，共感的に理解しつつある姿勢がクライエントに感じられるようになります。
- 感情の明確化……たどたどしいやりかたで自分の感情を漠と表明しているクライエントに対して，クライエントが感じていると思われる感情を，カウンセラーが明瞭にわかりやすい言葉でつかみとって伝えること。
- 非支持的リード……「それについてもう少し詳しく話してくれませんか」，「その後，いかがでしょうか」など，クライエントがそれによって話しやすくなるように発言すること。
- 治療的コミュニケーション……面接において，心の壁や防衛がとれ，自由に感情や意思が交流できるようになること。クライエントの素晴らしさや豊富さによってカウンセラーが胸を打たれ，自分がクライエントとの共通の世界に少しでも近づけて，共に歩めたという喜びが経験されるようなコミュニケーションです。

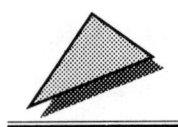

ためしてみよう（1）

◆**問題の聞き方**

　私たちは人と話すとき，その人にとって何が問題なのか，問題の中心は何だろうかと考えながら話しを聞いています。ここでは，クライエントの問題についてどのように聞いたらよいかを考えてみましょう。

　次の事例を読んで，どこに問題を感じるでしょうか。問題と考えられることを9つあげてあります。この中で中心的な問題と思われるものを3つ選び（　）に○印を記入してください。

[事例]　16歳　高校1年生　女子

　2年生になったら文系か理系かでコースが分かれるので，この間両親と話し合ったんです。私の彼は文系に行くというので，彼と別れたくないので私も文系に行きたいと言ったんですけど…。両親が開業医をしているもので，絶対医者になれといって，私の言い分なんかちっとも聞いてくれないんです。兄もいるんですが，兄は調理師になりたいといって父と大げんかして，今，勘当中でどこにいるかわかりません。もう，後継は私しかいないので両親も必死なんです。でも，あまりにも一方的なので，ムカツイて大暴れしてやったんです。そしたら，急に態度が変わって，理系コースに進むんだったら，春休みは海外旅行に行ってもいいと言ったり，お小遣いを倍にしてくれると言ったり…。それだったら，海外旅行にも行きたいから理系コースにしようかなと思ったり…。でも，わたし数学が大嫌いで，数学の成績はいつもクラスで一番悪いんです。どうしたら良いか教えてください。

（　）①この人の適性を考えない両親の態度
（　）②自分の将来をきちんと考えないこの人の態度
（　）③彼との関係で進路を決めようとする安易な考え方
（　）④一方的に医師になるように要求する両親の態度
（　）⑤兄を勘当してしまった両親のやり方
（　）⑥気に入らないことがあると，かんしゃくを起こすこの人の態度
（　）⑦親に対して反省していないこの人の態度
（　）⑧この人全体に甘えた未熟な態度
（　）⑨この人の話に耳を傾けようとしない親の態度

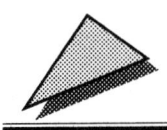

ためしてみよう（2）

◆**カウンセラーからの質問**

　カウンセリングの中でカウンセラーの方からクライエントに質問をするときがあります。カウンセラーはどのような意図をもって質問しているのでしょうか。ここでは質問の働き，適切な質問について考えてみましょう。

　次の事例を読んで，あなたが，このクライエントにしたいと思う質問をあげてください。

　5～6人のグループに分かれて，それぞれのグループで10の質問を考えてください。同じような質問でも，ニュアンスが違っていたら取り上げてください。良くない質問と思われるものも取り上げてください。

　10の質問があがったら，その中で良いと思われるものに○印をつけてみましょう。

［事例］　19歳　大学2年生　女子

　最近学校に来るのがとても憂うつなんです。というのは，1年生の時はAさん，Bさん，Cさんと私の4人でいつも仲良くして，一緒に行動していたんです。もちろんサークルも同じ，取る授業も同じです。ところが，2年生になって，同じサークルのDさんが私たちの仲間に入ってきたのです。私はバスで帰るのですが，他の人たちはみんな電車を利用しています。そういうこともあるのか，最近みんな急によそよそしい感じなんです。一緒にお昼を食べていても私を抜きにして4人で盛り上がっているのです。英会話の授業で2人1組になる時なんか，いつも私が余ってしまうのです。この前，Aさんと2人になった時があったんです。その時は，Aさんはとてもやさしく話しかけてくれたので，私の思い違いかな，と思ったりしたのですが，次の日のお昼にはまた，無視して私と話してくれないのです。私は何もしていないのに…。一体どうしたらいいのでしょうか…。もう，学校なんかいきたくないです。

（　）① _____
（　）② _____
（　）③ _____
（　）④ _____
（　）⑤ _____
（　）⑥ _____
（　）⑦ _____
（　）⑧ _____
（　）⑨ _____
（　）⑩ _____

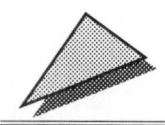

ためしてみよう（3）

◆クライエントからの質問

　カウンセリングの場面ではクライエントからさまざまな質問を受けます。質問の背景にあるクライエントの立場，気持ちなどをふまえてどのように応えたらよいかを考えてみましょう。

　次の質問に，あなたがカウンセラーならどのように答えるでしょうか。それぞれの質問に3つずつ答えてみてください。

1　どうして学校に行かないといけないんですか。
　a
　b
　c

2　過去の過ちはぬぐいされないのでしょうか。
　a
　b
　c

3　家族はみんな優秀なのにどうして私だけ成績が悪いのでしょうか。
　a
　b
　c

4　どうして長男の嫁は姑の世話をしなければならないのですか。
　a
　b
　c

5　ここでの話が先生に知られることはあるのですか。
　a
　b
　c

6　人は何のために生きているのでしょうか。
　a
　b
　c

確認しよう

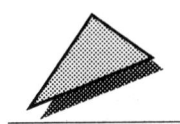

[ためしてみよう（1）]

クライエントの問題は，次の3つの視点からとらえることができます。

1　クライエント本人が問題にしていること
2　関係者が問題にしていること
3　カウンセラーが問題にすること

　本人と関係者とが同じところに問題を感じることもあれば，違った点を問題と感じることもあります。このような場合カウンセラーはどのように話を進めていったらよいでしょうか。カウンセラーとしては，クライエントが問題にしていることと，客観的に見て問題となること，つまり，クライエントに考えて欲しいことの2点に注目する必要があります。はじめに，クライエントが問題としている点をクライエントと一緒に眺めて，クライエントの視野を徐々に広げていきます。そして，クライエントと良い関係が形成でき，クライエントが落ち着いた状況で考えられるようになった時点で，カウンセラーが客観的に見て問題と感じることを伝えていくことが大事になります。

　さて，あなたは，どういう視点から○印をつけましたか。カウンセラーの視点，クライエントの視点でもう一度○印をつけなおしてみましょう。

　以下に解答例をあげておきます。自分の解答と比べて違いや理由について考えてみてください。

	クライエントが感じている問題	カウンセラーが感じている問題
①	○	
②		
③		
④	○	○
⑤		
⑥		○
⑦		
⑧		○
⑨	○	

[ためしてみよう（２）]

カウンセラーからクライエントにする質問としては次の５つのことが考えられます。

1　クライエントの感情（葛藤）を明らかにする
2　出来事の事実関係を確認して，情報を得る。
3　クライエントの考え，解釈を引き出し，考えさせる。
4　カウンセラーの考え，解釈，視点を伝える。
5　その他。

質問の第一番の目的は，クライエントの気持ちを明確にすることです。そのような視点に立てば，質問の際には次のようなことに注意することが大切です。
・クライエントの気持ちの流れを損なわない。
・追及したり，教えたりするようなことを慎む。
・カウンセラーの興味主導にならないようにする。
・事実や関係を探ることに偏らないようにする。
・問題解決を急いだり，問題解決のための資料を集めることに偏らない。

　私たちは相談されるとすぐに何か答えてあげなくてはならないと思いがちです。しかし，私たちの助言の多くはクライエントがすでに考えたり試したことかもしれません。解答を与えるのが相談ではなく，クライエントに自分の考え，自分の気持ちを明確にしてもらうことが，本当の相談なのです。したがって，状況理解が不十分でもっと情報が欲しいときでも，まず，クライエントの気持ちの流れに寄り添い，その後，事実を確認するという手続きが大切になります。
　事例の解答参考例として，いくつか質問をあげておきます。

1　どうしてこんな風になったのか考えてもわからないのね？
2　学校に行くのがつらくなってきているの？
3　どういう風に接していいかわからないのね？

これはクライエントの気持ちをキャッチしてそれを確認するような質問です。
さて，グループで検討した質問を良い質問，あまり良くない質問に分けてみましょう。
また，それぞれの質問を１～５の基準にしたがって分類してみましょう。

[ためしてみよう（3）]

　クライエントからの質問は知識や情報を得るためと思いがちですが，クライエントは質問という形でいろいろなことを訴えたり伝えようとしています。クライエントの質問を大きく分類すると次の7つになります。

1　知識や情報を得たい
2　要求，依頼，勧誘を伝えたい
3　不安，恐れなどの気持ちを伝えたい
4　支持や保証を得たい
5　安心のために確かめたい
6　あきらめるために確かめたい
7　カウンセラーを試す

　ここでの質問も，クライエントが情報を求めていると思い込まないことが肝要です。質問をよく読み，クライエントがどんなことを伝えようとしているのかをキャッチすることが大切です。そして，それをクライエントに投げ返し，クライエントの気持ちや考えをさらに表現してもらうようにしましょう。

　質問1の解答例をあげておきます。

1　学校に行くことに何か問題を感じているのですね。
2　学校なんか，という気持ちなんですか。
3　あなたはどう思っていますか。

　あなたの質問とどういう点が違うでしょうか。検討してみましょう。

オグデンとリチャーズ（Ogden, C. K. & Richards, I. A.）は，いまから70年以上も前に，「意味の三角形」を使ってこのことを説明しています。図３－１の三角形の底辺が点線である理由は，シンボルである言葉と実際の対象物との間には，直線的な関係がないことを表

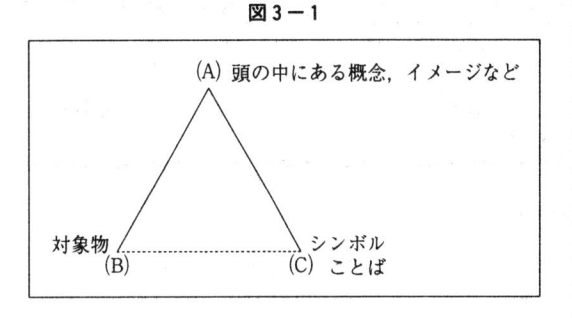

図３－１

(A) 頭の中にある概念，イメージなど
対象物 (B) ─── シンボル (C) ことば

しています。図の三角形の頂点（A）は私たちの頭の中の概念を表しています。対象物（B）を適切に表現しようと，私たちはことば（C）を選ぶのですが，かんじんのことばそのものが，その言語を話す人々によって自由に恣意的に取り決められているので，ことばと対象物の間には，恣意的な関係しか成り立たないのです。例えば，ある地域の方言が他の地域では通じないということは，対象物とことばの恣意的な関係のために起こることなのです。

◆**非言語の側面**
　私たちは人と話すとき，身振り手ぶりで示したり，笑ったり，怒った表情をしたり，口ごもったり，さまざまな動作をします。言葉によらないこれらのメッセージは，言語ほどメリハリはなくても，言語以上に真実を語っている場合が多いものです。「寒くない」と口では言っていても，体がぶるぶる震えていれば，人はそのことばよりも身体に表れた動作のほうを信じるでしょう。
　上の例のような身体動作を研究する分野を身体動作学（kinesics）と呼びます。
　ノンバーバルには身体動作の他，対人距離やなわばりなど，近接空間（proxemics）についての領域，言語に付随する声の大きさ，間のとり方など，パラ言語（準言語，para language）についての領域，身体を撫でる，たたくなど，身体接触行動（touching behavior）の領域などがあります。また，身体的特徴（physical characteristics），服装，装飾品などの人工品（artifacts）をこの領域に入れる場合もあります。

　それぞれの詳しい内容は，これから練習問題をやりながら学んでいきましょう。

Part I　友だち，家族との対話

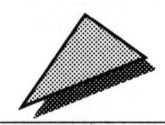

理解しよう

◆対人魅力

　社会心理学では他の人に対して好意をもつ現象を，「対人魅力」という研究分野で扱ってきました。一般的な傾向としては，初期の出会いの段階では，同じ地域に住んでいる，同じ学校から来た，など近くにいる人と親しくつきあいますが，何回か会ったあとの段階では，考え方が似ている人，自分を高く評価してくれる人が好まれます。

　理由としては，次のことが考えられます。
　合意的妥当性（バーン　Byrne, D.）：私たちは社会の中のことを正しく解釈したいと思うので，自分の意見が相手と一致していれば，自分は正しく，妥当な意見を持っていると感じることができる。
　社会的交換理論（フェスティンガー　Festinger, L., *et al.*）：自分が人と行動して得られる「アウトカム（成果）」は，楽しさなどの「報酬」から「コスト」を引いたものである。近くにいる人と会うことは，遠くにいる人と会うよりコストがかからないので，報酬はそれだけ高くなる。また，考え方が似ていればその人と対立することもなく，やはりコストが低く，高い報酬が得られる。
　バランス理論（ハイダー　Heider, F. H.）：図3－2のP→O，P→X，O→Xの3つの符号の積が，正（＋）ならバランスが保たれ，負（－）ならバランスが悪く，不安定である。

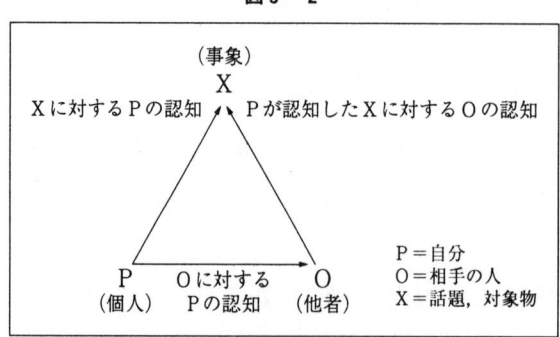

図3－2

（事象）
X
Xに対するPの認知　　Pが認知したXに対するOの認知

P　　Oに対する　　O
（個人）　Pの認知　（他者）

P＝自分
O＝相手の人
X＝話題，対象物

出所：Heider, F. H.　大橋正夫訳『対人関係の心理学』誠信書房，1978年

したがって積が負（−）のときには，正（＋）になるようにどこかの部分の符号を変えるように態度や意見を変え，バランスを保とうとする。

◆印象形成

　私たちは，相手と初めて対面した場合には，その人の外見，服装など，断片的な情報をかき集めて即座にイメージをつくり上げます。アッシュ（Asch, S. E.）は，印象とは，単に積み重ねられていくのではなく，初期につくり上げた印象が，その人や事柄の全体的な印象を方向づけていくことを指摘しました。第一印象はあなどれないというわけです。しかしその人に対する情報量が少ない分，第一印象にはステレオタイプで人を判断する可能性も多くなります。見た目で，単純な固定概念を張り付けないように注意しましょう。

◆自己開示

　私たちは相手と会った初めのうちは浅い表面的なことしか話しませんが，関係が深まるにつれて深いレベルの話をするようになります。自分の内面を相手に話すことを，自己開示といいます。この言葉は，ジェラード（Jourard, S. M.）によって初めて使われ，その後多くの研究がなされてきました。対人コミュニケーションにとって大切なことは，状況に応じてふさわしい程度の自己開示を行うことでしょう。公衆の中で過度の自己開示を行って，周囲の人がまゆをひそめるなどということのないよう，健全で社会的な適応行動をとってください。

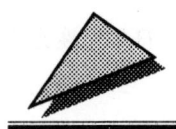

ためしてみよう（1）

◇友だちづきあい

次の会話は，友だちA，Bが前の日に見たテレビ番組について話しているところです。

（文中の＝印は，前の人が言い終わらないうちに続けて発話されたことを表わす）
1) A　　ゴミのことグチグチ言ったのもあいつだよね？
2) B　　うん。　冷凍庫に入れろ
3) A　　生ゴミがどうのこうのとか言って
4) B　　　　　　　　　＝あんなのを見ててさあ，男はさ，あ，この人と付き合いたいって思うんかね，こいつうるさいとか思いそうじゃない？
5) A　　ねえ，思うよねえ，きっと
6) B　　　　　　　　　＝っていうか，そんな生ゴミぐらいでおこられたらさあ
7) A　　　　　　　　　　　　　　　　　　　　　　　　　　＝ねえー
8) B　　生きてけないよね
9) A　　　　　　＝生きてけない。うるさすぎだよ。
10) B　　　　　　　　　　　　　　　　　　＝うん。
11) A　　家庭的というよりうるさいよね。
12) B　　　　　　　　　＝うるさいよ。
13) A　　　　　　　　　＝生きてけないよ。　うるさい。
14) B　　　　　　　　　　　　　　　　　　＝本当だよ。　　　　　（笑）
15) A　　ゴミ，冷凍庫に入れるなって感じだよね。
16) A B　（笑）
17) B　　あほじゃない？
18) A　　　　　　＝捨ててよ捨ててよ！
19) B　　生ゴミだよ。　　　（笑）
20) A　　　　　　＝アイスとか入ってるんだから。食べるもん
21) B　　　　　　　　　　　　　　　　　＝ねえ，食べるもんだから。（笑）
22) A B　（笑）
23) B　　（笑いながら）ねえー！　最悪だよ。
24) A　　　　　　　　＝汚ーい。
25) B　　汚いよ。

ＡさんＢさんはどのような間柄の友人だと思いますか？　会話のどの部分からそのように思いますか？

ＡさんＢさんの間柄は…

その理由は…

　　会話番号　4と5，8と9と13，9と11と12と13，20と21，24と25は，下線の部分が繰り返されています。つまり，相手の判断をサポートし，補強しながら会話を進めていると考えられます。このことを88ページの対人魅力に出ている合意的妥当性の理論から説明してください。

確認しよう

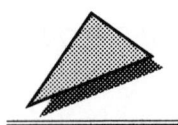

　AさんBさんとも，会話の深さのレベルが一致していて，まるで右手と左手でピアノの楽しい曲を編み上げて行くような一体感のある楽しい会話となっています。

　この資料には，＝のマークで印されている箇所がたくさんあります。これは会話分析の分野ではラッチングといわれ，相手が言い終わらないうちに次の話し手が自分の意見を述べるもので，会話が白熱してきたときによく見られます。この資料ではABの2人とも会話に参加している量はほぼ同じくらいですから，この2人は互いに気がねすることなしに，言いたいことを述べ合える仲の良い友だちか，あるいは内面では少々気づかいながらも上手に会話を織り上げていくことのできる仲間なのでしょう。

　ただ，AさんBさんの心の中を覗いてみれば，この表面的な明るさとは裏腹に，相手が喜ぶような反応をしようと，互いに気を使い合っているかもしれません。友だちの仲間集団からはずされないようにと，ほどほどに馴れ合うために多くのエネルギーを費やしている場合もあるようです。相手の気分を壊すことをこわがるあまり，自分を殺すことに疲れ果てないよう，ときにはじょうずに自己主張することも大切なようです。

　AさんBさんとも，テレビ番組で「冷凍庫にごみを入れる」行為を汚いと感じているので，意見は一致しており，それぞれ自分の態度の妥当性が満足されています。余力のある人は，同じようなやりかたで，社会的交換理論，バランス理論からの解釈を試みてください。

・社会的交換理論からの解釈では…

・バランス理論からの解釈では…

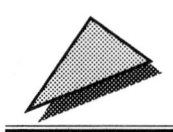

ためしてみよう（2）

　あなたは仲の良い友だちとの友情を保つために、「これだけは守ろう」とか「これだけはやめよう」と心がけていることがありますか？　ない場合には、「仲良しのXさん（あるいはYさん）との間には、自然にこの点が守られている」と思うものを書いてください。

仲の良いXさん（Yさん）と私との間には、次のような点が暗黙の了解となっています。

1.

2.

3.

4.

5.

6.

7.

第1章　集団の中で

確認しよう

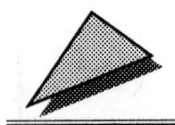

　次の項目はアーガイルとヘンダーソン（Argyle, M. & Henderson, M.）があげた，友情を保つためのルールです。みなさんの項目と一致しているものがありますか？

1．必要に応じて自発的な援助をする。
2．友人のプライバシーを尊重する。
3．秘密を守る。
4．お互いに信頼する。
5．相手がいないとき，相手を弁護する。
6．人前でお互いに非難しない。
7．情緒的支えを与える。
8．話しているときは相手の目を見る。
9．一緒にいるときに相手を楽しませるように努力する。
10．相手の人間関係に嫉妬したり，批判しない。
11．お互いの友人を受け入れる。
12．良い知らせを共有する。
13．個人的助言を求める。
14．小言を言わない。
15．冗談を言い合う。
16．借りを返すように努める。
17．個人的な感情や個人的な問題を友人に開示する。

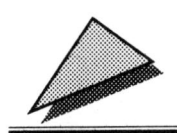

ためしてみよう（3）

　教師の指示に従い，クラスの座席を変えて，自分と初対面の人とペアになってください。ペアになるときには，互いにほほえみあったり，挨拶したり，言葉を交わしたりしないで，できるだけ「他人」でいてください。（座席を移動するとき，このテキストと筆記用具を持っていくこと。）

1．隣の人について，(1) 出身地はどこか？　(2) アルバイトはしていると思うか。しているならどんな仕事か？　(3) 兄弟姉妹はいるか。いるなら何番目か？　について想像し，下の欄に書いてください。
　　決して話をしてはいけません。
2．次に言葉を使って，1．の (1)，(2)，(3) について話し合ってください。
3．あなたの答えはどうでしたか？　なぜそのような判断を下したのですか？　話してみて，相手の印象は変わりましたか？

1．隣の人の　　(1) 出身地は　　　　　　　　　　　　と思う。

　　　　　　　(2) アルバイトは　　　　　　　　　　　と思う。

　　　　　　　(3) 兄弟姉妹は　　　　　　　　　　　　と思う。

2．実際は　　　(1) 出身地は　　　　　　　　　　　　だった。

　　　　　　　(2) アルバイトは　　　　　　　　　　　だった。

　　　　　　　(3) 兄弟姉妹は　　　　　　　　　　　　だった。

3．第一印象と話した後のちがいは

第1章　集団の中で

確認しよう

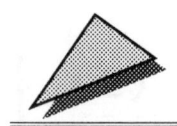

　89ページの「印象形成」を思い出してください。「しっかりしていそうだから長女」「人当りが良さそうだから接客のアルバイト」など，みなさんが自分で持っている判断の基準に気がついたでしょう。「就職試験の面接官からもこんなふうに見られるのか？」とか「それにしても，何と言っても明るい雰囲気の人は得だ！」と思わされた人もいたでしょう。

　ノンバーバルのときと，バーバルでは，印象がどのように変わりましたか？「話をしてみて初めてわかったことの何と多かったことか」「イメージのみで人を判断することの恐ろしさ」を実感した人もいたでしょう。ノンバーバル，バーバル両方の要素の重要さを改めて感じ取ってください。

　隣の人にとって，あなたの第一印象は，どんなでしたか？
　自分が想像していた自分のイメージと実際との違いを下の空欄に書き，今後の「わたしのイメージ作り」に役立ててください。

わたしの第一印象は＿＿＿＿＿＿＿＿＿＿＿＿＿＿＿＿＿＿＿＿＿＿＿＿＿
　　　　　　　　　＿＿＿＿＿＿＿＿＿＿＿＿＿＿＿＿＿＿＿＿＿＿＿＿＿

このことから，わたしは＿＿＿＿＿＿＿＿＿＿＿＿＿＿＿＿に気をつけようと思います。

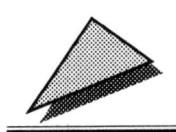

ためしてみよう（4）

◆家族のしがらみ

姉妹の会話

次の会話は，親元から離れてアパートで一緒に暮らしている姉と妹が，学校生活について話しているものです。

1) A　あーもう，金がない！！ビンボー，ビンボー，超ビンボー！やっぱ大学生がびんぼーって，ほんとだったんだね。
2) B　……　はい。
3) A　よく言うじゃん，ずっと，中学生のときから，『大学生って貧乏なんだよ』って聞いてたけどさ，ほんとに，でも，ここまでビンボーな人って，あたしくらい？？でも，みんな，こんなもんだよね？
4) B　みんな，こんなもんだよー。
5) A　金ないよね。自宅通いしてる人はともかくとしても。
6) B　<u>うーん</u>。でも，まだ親に学費出してもらってるだけでも裕福と思わないと。
7) A　まーね。…学費自分で出してる人なんて，いるの？　いねーよ，それは。
8) B　<u>うーん</u>，でもいるよ，っていうか，アメリカはみんなそうだよ。みんなバイトして，学費払うんだから。なんか，こう，なんつうの，目的をもってやってるよ。あたしのホストブラザーのジムもそうだったよ。
9) A　あー，ね，アメリカはねー。あたしのバイトの目的はー，自分のおこずかいとー，ふふ（笑），知り合いを増やすっていうかー。
10) B　<u>うーん</u>，友だちとかも増えるしね，
11) A　　　　　　　　　　　　　＝うん
12) B　とりあえずー。
13) A　社会勉強？
14) B　んーー，社会ーー，んーーん，まあ，よく，<u>うーん</u>，そうともいう。
15) A　でもー，逆に考えればさー，学生なんだから，働きたくないって感じじゃない？まだ，これから大人になったら嫌っつーほど働くのにさー。
16) B　でもー，学生のうちにさあー，いろいろバイトしてさー
17) A　　　　　　　　　　　　　　　　　　　　　＝あ，耐えとけって？
18) B　うーーん，とか，あと，いろんなバイトしてさー，いろんな面見るのもいいしー。

1．A，Bのどちらが姉，どちらが妹でしょう。それはどの部分の会話からわかりますか？
（　A　B　）がお姉さん，（　A　B　）が妹です。
その理由は…

2．下線の引いてある「うーん」は，それぞれどのような思いが込められているのでしょうか。もし，その部分がなく，うなずく動作もなかったとしたら，ふたりの会話はどんな感じになるでしょう？

6）Bの「うーん」の意味は……

8）Bの「うーん」の意味は……

10）Bの「うーん」の意味は……バランス理論から解釈するとどうなりますか？

もし，これらの「うーん」の部分がなかったら？

3．この会話には，90ページの会話例のようなラッチングがほとんど見られません。なぜでしょうか。

確認しよう

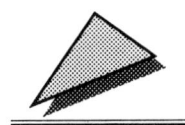

　この会話の例ではAが問題提議をして，Bがそれを受けるというパターンになっています。Aは現在の生活の不満を，Bに遠慮なくぶつけており，Bは，そのひとつひとつに真剣に耳を傾け，なんとかよいアドバイスはないかと，思案しながら，ゆっくりと対話しています。こうしてみると，みなさんの経験から，Aが妹，Bが姉であると想像できるでしょう。

　家族の中での出生順位と性格の関係は，兄弟姉妹の人数，親の育て方，男女差などと関係があり，単純に結論づけることはできませんが，この例に出ている程度の出生順位の特徴は，わたしたちのまわりの兄弟姉妹どうしの会話によく見られます。

　わたしたちの会話場面をビデオに撮ってみると，「うん，うん」と声に出してうなずいたり，声には出さなくても頭で何度もうなずく動作を目のあたりにして，驚かされます。日本人は特に会話にうなずきが多いといわれています。相手がうなずいて聞いてくれれば，肯定的なフィードバックが与えられて，話し手は気持ちよく話を進めることができます。

　次にあげたものは，あるひとつの解釈例です。皆さんの解釈と同じですか？　10）Bをやり終えたら，同じようなやりかたで，14）Bの「うーん」の意味にも挑戦してみてください。

6）Bの「うーん」の意味－現在の貧乏生活に対するAの苦情に，Bは共感は持つものの，Bの立場としては，Aに現実を，もっと肯定的にとらえてもらわなくてはならない。そこで，反対の意見を直接ぶつけず，間をおいてから，おだやかな，異なった考え方の提案をしている。

8）Bの「うーん」の意味－7）でAが「いねーよ」と男言葉を使い，ちょっとふてくされ気味であるので，6）のときよりも少し強く反対意見を述べている。

10）Bの「うーん」の意味－9）に同調している。Bは，Aに説教めいたことを言ってきているので，この辺でムードを和らげ，相手の意見に賛成して，安定したバランス状態にする必要があるだろう。

　もし，ここにある「うーん」という間をおかずに，直接会話にはいったとしたら，会話のテンポはきびきびしたものになるでしょうが，Bの反論がよりAに直接的に響いて，け

んかになるかもしれません。反対意見を述べるときには，間が大切なのです。この点が賛成意見を述べるときとはちがいますので，気をつけましょう。

〈ためしてみよう　1〉の表面的な会話とは異なり，ここでは自分たちの内面の深い部分を見せています。89ページの「自己開示」を思い出してください。都会のアパートで2人で暮らす姉妹は，互いに励まし合い，いたわりあっているのでしょう。かなり内面に触れる話をしています。自己開示の深いレベルでの対話では，ラッチングで相手の話を中断させる会話の型ではなく，相手の話が終わるまでじっくりと話を聴きながら進んでいく型が好まれます。

みなさんは，親しい人に自分の悩みを聞いてもらって心が軽くなったように感じたことがあるでしょう。また，自分のもやもやした気持ちを人に聞いてもらっているうちに，次第に自分の感情がはっきりしてきたという経験もあると思います。自己開示には，このように感情浄化機能や，自己明確化機能というものがあるのです。

相手と親密な信頼関係が築かれると，見栄や気取りのない自己開示が行われます。恋人，家族など，親しい人との間で，安心に裏打ちされたコミュニケーションの場を持ちたいものです。

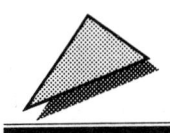

ためしてみよう（5）

夫婦の会話
次の会話は，夫と妻が夫婦喧嘩をしているときのものです。

---

1 （夫）さっちゃん（夫方の姪）の結婚式には祝金，はずんでやらなきゃな。
2 （妻）ん。。。べつに，普通でいいんじゃない？
3 （夫）そうはー，そういう。。。だって，一人っ子だぞ。
4 （妻）んんん。。。一人だからってー，特別に……そんな見栄はらなくたって，いいんじゃない？
5 （夫）　　　＝見栄なんか，はってないさー！
　　　　なんだ，その「みえ」て。。。おれだって，わざわざ久美ちゃん（妻方の姪）の結婚式まで
6 （妻）　　　＝わざわざって。。嫌々だったわけ～～？　出て<u>やった</u>って，何よ～！
7 （夫）おまえの従姉妹の子だろ？「いとこ」の，子。。。遠い親戚だよねーー？　普通はそこまでやらないよ？
8 （妻）　　　＝普通って何よ～。あそこは昔からあたしとはねー，姉妹みたいなもんなのよ，普通とはちがうのよ，ぜーんぜんわかってないんだから，人の気持ちなんかー。
9 （夫）＝どっちがー？　あのとき，会社がどーんなだったと思ってんの？出張とりやめ！。。がたがた。。。突然！…一週間前だぞ！。おまえのばあさんの法事のときも，一週間前！
10（妻）あれは，全然事情が違ったでしょう？　なんでそんな昔のことまで持ち出すの？　だいたいねえ，あなたはいつもそう。あたしの実家の文句ばっかり。　ああいやだ！

この夫婦は，どうすれば喧嘩をさけられたでしょうか。あなたなら「さっちゃんの祝金」の問題を，どう解決しますか？　隣の人と実演して，その内容を下に書いてください。

1 （夫）さっちゃん（夫方の姪）の結婚式には祝金，はずんでやらなきゃな。
2 （妻）
3 （夫）
4 （妻）
5 （夫）
6 （妻）

第1章　集団の中で

確認しよう

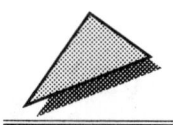

　男と女が愛し合い，恋愛から結婚と，甘い花道を歩いてきたと思ったら，行く手にこんな会話の生活が待っているとは。あなたの結婚への夢が，しぼみそうですね。そうならないために，この対人コミュニケーションのExerciseをしっかりやって，スキルをみがいてください。

　私たちは相手の行動を「なぜだろう？」と考えることがよくあります。原因を推測することを「原因の帰属」といいます。「なぜ？」と思うような行動を相手がとったとき，うまくいっているふたりなら，その状況を，偶然生じた，外的な要因として，その場限りのものと解釈します。つまり，相手の行動と原因を好意的に結びつけるのです。原因を相手の性格や，人柄などのせいだとはしないのです。うまくいかないふたりは，その逆です。きみは，あなたは，いつもそうだ，と，相手の性格のせいにするのです。その結果，話題はどんどん過去の怨念にさかのぼっていき，不幸な会話の階段を降り続けることになるのです。

　男と女が，現実の中で葛藤しながら生きなくてはならなくなった場合，互いの愛と憎しみが反転図形のように混在する中に居続けるのも苦しいでしょうし，かといって空想の世界に逃げ込んで，そこに浸り続けることもできません。

　たとえ時の経過とともに，互いの恋愛感情が薄れていったとしても，それに代わる大きな愛情で，いつまでもお互いの関係を強める解釈のできる関係を保ちたいですね。

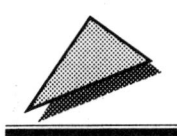

ためしてみよう（6）

　次の表は，日本の夫婦の愛情について調べたものです。夫が，妻が，それぞれのパートナーに対して，「非常によくあてはまる」「あてはまる」「どちらかといえばあてはまる」と答えた人は，何パーセントくらいだったと思いますか。それぞれの項目の空欄に，％の数字を入れてください。（対象者313夫婦，平均年齢：夫43.04歳，妻39.50歳。1997年実施）

愛情肯定群の割合

	夫	妻
夫（妻）といると相手を本当に愛していることを実感する	％	％
夫（妻）は魅力的な男性（女性）だと思う	％	％
夫（妻）が幸せになるのが私の最大の関心だ	％	％
夫（妻）なしで過ごすのは辛い	％	％
夫（妻）のためなら何でもしてあげたい	％	％

（日本経済新聞，1999年6月2日）

確認しよう

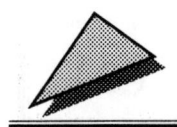

愛情肯定群の割合

	夫	妻
夫（妻）といると相手を本当に愛していることを実感する	75.0%	64.5%
夫（妻）は魅力的な男性（女性）だと思う	75.5%	66.8%
夫（妻）が幸せになるのが私の最大の関心だ	80.3%	61.8%
夫（妻）なしで過ごすのは辛い	83.1%	69.4%
夫（妻）のためなら何でもしてあげたい	75.5%	61.9%

みなさんの想像した数字とちがっていましたか？
妻は夫を冷めた目でながめ，夫は妻を過信している様子が浮き彫りにされていますね。

PartⅡ　職場，サークル内のコミュニケーション

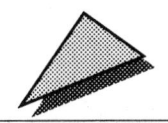

理解しよう

◆集団とは

　家族や友だちのように，気心の知れた人たちの中とは異なり，上下関係のある組織集団の中で，周りから浮いた状態にならず，うまくコミュニケーションを保ち続けることは容易ではありません。

　集団には必ず目標があり，効率よく目標を実現させるために，取り決めができているはずです。この取り決めを集団規範といいます。集団内の各メンバーは，この規範を，自分たちの行動基準として活動します。

　集団としてある課題を行うとき，各メンバーは設定された目標に向かって努力しなくてはなりませんが，集団の規模が大きくなると，責任の拡散がおこって，社会的手抜きと呼ばれる現象が起こることがあります。

◆リーダーシップ

　リーダーシップに関する次の2つの考え方のうち，あなたはどちらに賛同しますか？
① ある人が望ましいリーダーであるかどうかは，当人の年齢，能力，外見など，その人の特性によるものであると考える。
② 望ましいリーダーとは，どのような行動をとり，集団の中でどういう働きをしているか，という点から，リーダーシップの問題を考える。

　①は特性論，②は機能論とよばれ，これまでさまざまな研究がなされてきましたが，現在では②の機能論的な考え方が主流となっています。その理由は，リーダーのある特性が，ある場合には有効に働いていても，別の場合にはそうであるとは限らないことが，しだいに明らかに

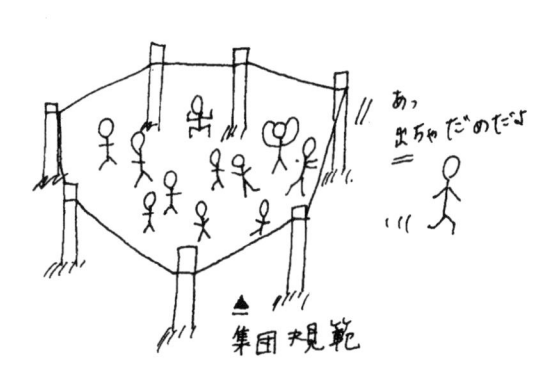

第1章　集団の中で

なってきたからです。

　言い換えれば，ある集団の機能が明らかになれば，そこに求められるリーダーシップの特徴も明らかになるというわけです。

　機能論の立場からはいくつかの理論が提唱されていますが，ここではPM理論を紹介しておきましょう。

　カートライトとザンダー（Cartwright, D. & Zander, A.）は，集団には目的達成機能（Performance: P機能）と集団維持機能（Maintenance: M機能）があり，この2つの機能が効果的に働くようにメンバーに適切な働きかけをする者がよいリーダーであると述べています。

　三隅（1984）は，この2つの機能を組み合わせて，図3－3のような4つのリーダーシップの行動型について調べ，P機能とM機能をじゅうぶんに調和させたPM型が最も生産性が高いことを指摘しています。

　齋藤（1998）は，リーダーシップの条件として次の3点をあげています。
1．メンバーに集団の目標をはっきりわからせ，一体感をもたせることのできる人
2．成員にリーダーとして受け入れられるだけの人望のある人
3．能力，知識，経験が豊富で成員以上に集団に貢献する人
　みなさんの属している集団のリーダーは上の条件を満たしていますか？

図3－3　PM理論によるリーダーシップのタイプ

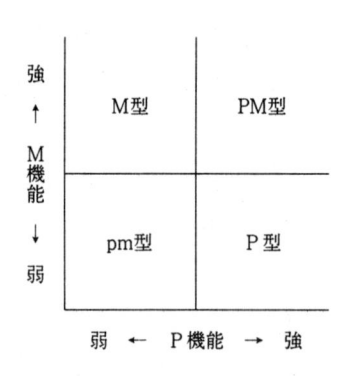

	P機能弱	P機能強
M機能強	M型	PM型
M機能弱	pm型	P型

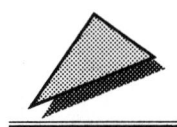

ためしてみよう（7）

次にあげる人々の集まりは，集団でしょうか，それとも群集でしょうか？

1．学校のクラスの人たち

2．デパートのバーゲンセールに集まった人たち

3．アルバイト先の仲間たち

4．ライブコンサートに集まった人たち

5．市の主催の成人式の参加者たち

6．家族

確認しよう

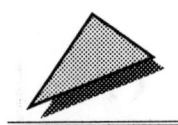

　集団とはそれぞれのメンバーが，責任と義務を伴った役割をもっている人々の集まりです。105ページでも見たとおり，集団にはそれぞれの集団としての目的がありますから，集団の一員でいるときには，ひとりひとりが個人としているときより，自由な行動は限定されます。

　群集は集団のようにはっきりした組織の形を持たず，全体の統制もとれていません。群衆の一員でいるときには，自分の身分を明かさずに，自由にふるまえるので，ときによっては短絡的な行動をとってしまう場合もあります。常識を忘れた群集行動に走らないように，気をつけましょう。

　上にあげた基準にあてはめれば，107ページの問題は，どれが集団であるか明らかでしょう。1，3，6が集団，2，4，5が群集です。

　みなさんもまわりのグループを見回して，集団と群集を3つずつあげてみてください。

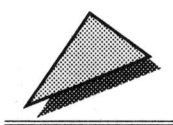

ためしてみよう（8）

◆組織内の上下関係

次の話は，ある会社の企画部で起こったことです。

　Aさんは会社の企画部に配属されて2年目。いま，Bさん，Cさんと組んで3人でXとY2つの企画に取り組んでいます。チーフのBさんは社長のお気に入りですが，Aさんにはなぜか意地悪をするので，Aさんは悩んでいます。今日の会議は社長も出席しており，Bさんはやわらかな物腰で社長のご機嫌をとっています。そのBさんが，会議の席上，あなたを褒め，「この企画XをAさんに任せてあげてください」と発言しました。BさんがAさんを褒めるなんてはじめてのことです。あなたがAさんだったら，Bさんの発言をどう解釈しますか？　下の1～4を選び，隣の人と話し合ってください。

解釈：1.「やっぱりBさんはいい人だったんだ。いままでの意地悪を忘れてあげよう。」
　　　　2.「社長がいるから部下を思いやっているというポーズをとっているんだ。」
　　　　3.「裏になにかありそうだぞ！ちょっと注意しよう。」
　　　　4.その他　（具体的に書いてください）

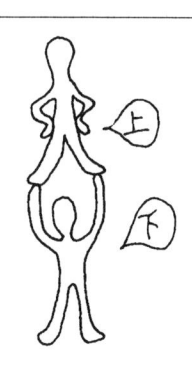

第1章　集団の中で

確　認　し　よ　う

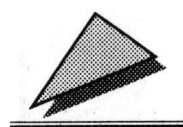

　みなさんの答えはどれになりましたか？　隣の人とは同じ答えでしたか？　それとも違いましたか？　Ｂさんの本意は，ここに述べられている情報だけからではわかりません。あなたの考えに従って答えを出し，隣の人の考え方との類似点，相違点について，話し合ってください。

　ちなみに実際の結果は，ＢさんはＡさんをこの企画Ｘに専念させるためにもう一つの企画ＹからＡさんを降ろし，自分は企画Ｙに専念して，そちらを自分の功績としました。Ａさんがすでに企画Ｙの基礎を整えてくれてあったからＢさんにとっては楽だったし，Ｙのほうが，断然派手で，しかも利益が大きく，功績の目立つ企画だったからです。

　Ｂさんの行動を見てわかるように，Ｂさんはよいリーダーとはいえないし，この組織の中で，人望が得られることはないでしょう。組織には的確なリーダーシップを発揮できるリーダーが必要です。人望があり，目標に向かって，全員の一体感を高められる人がよいリーダーです。人望というものは，成員との間のギブアンドテイクでつくられていくものなので，Ｂさんのように私利私欲の強すぎる人は，よいリーダーにはなれません。でもきっと，どこの組織にもＢさんのような人が１人くらい，必ずいるのでしょう。夕方の電車の中で耳をすましてください。組織内コミュニケーションの不満についての話で充満していることに気がつくでしょう。

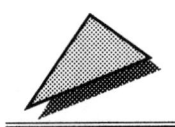

ためしてみよう（9）

あなたが中学，高校時代に部活や，クラブの活動をしていたら，そこでの経験で，いやだったことを5つ書き出し，それについて隣の人と話し合ってください。部活や，クラブに入らなかった人はその理由を3つ書いてください。

1.

2.

3.

4.

5.

確認しよう

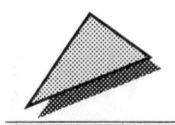

　部活には，部がめざす目標に向かって，部員の足並みを揃えるために，個人の行動や考え方を統制するための集団規範があります。集団規範は一度でき上がるとその規範に従うように集団圧力がかかり，成員に心理的にプレッシャーを与えます。中・高校生にきちんとしたリーダー教育を行わないで，単に学年や年齢が上であるという理由からリーダーの権威を与えると，下級生を盲目的に規範に同調させようとしたり，暴力をふるったりしていじめにつながることがあります。

　ミルグラム（Milgram, S.）は，人間がいかに権威に弱く，権威のある人から命令されるとそれが危険な行為だとわかっていてもいかに平気で実行してしまうかということを，実験を通して明らかにしました。人間は獲得した権威を使って冷酷な命令を出せてしまうし，またそのような命令に対して，従順に服従もしてしまう存在なのです。

　2001年2月にハワイのホノルルでおきたアメリカの潜水艦と日本のえひめ丸の衝突事故でも，潜水艦乗組員の幹部の間の人間関係が安全確認に影響を与えたのではないかと指摘されています。重要な情報とわかっていても，部下から上官に情報を報告しにくい雰囲気であったというのです。

　みなさんは，人間の本質の冷酷な側面を認識したうえで，理性と常識のあるコミュニケーションを行うように心がけてください。

第2章

地域社会の「うち」と「そと」

　私たちは生まれてから今まで，いろいろな人たちと出会い，その中で成長してきました。第1章では，友だち，家族，組織での対人コミュニケーションについて考えてきましたが，この章では，一般の人々が集まっている場所での出来事を扱います。

　PartⅠでは町のデパートでよく目にする言語的，非言語的コミュニケーションについて，PartⅡでは年代の違う人たちの考え方について，PartⅢでは，外国人と日本人が慣れない場所で遭遇する小さな事件について考えます。

◆カテゴリー化

　私たちは社会の中で周囲の無数の外的刺激の中から自分にとって必要なものだけを感覚知覚器官を使って受容します。つまり自分の文化的な背景に基づいて，選択的に知覚するのです。そしてその受容したものを意味づけし，それぞれ別個の刺激を，同質か異質かを基準にグループ化します。これがカテゴリー化と呼ばれるものです。カテゴリー化は，物事を考えるときに区別しやすくなるので，便利な反面，過度になるとステレオタイプ（固定観念）に通じる危険性をはらんでいます。私たちの文化的社会的背景が異なれば，同じ刺激に対しても，当然異なったカテゴリー化が行われるため，異なった文化に育った者どうしがコミュニケーションをもつときには問題が生じがちです。

◆うわさ

　昼間の電車の中で，ちょっと注意して聞いていれば，うわさ話がいかに多いことかと驚くことでしょう。うわさとは，真実か否かを確認せずに，口伝いに伝達される連鎖的なコミュニケーションです。

　うわさには，(1) 単にゴシップとして集団内で行う他人に関するおしゃべり，(2) ある特定の社会状況のもとで広範囲に広まる流言，(3) 社会的な実害を伴わず，都市伝説として楽しむもの（例：「トイレの花子さん」）の3つのタイプがあります。

　うわさは非常に速く伝達される傾向があるので，うわさに巻き込まれて一喜一憂しないようにしましょう。

Part I 地域の中で

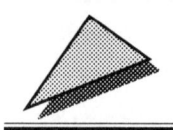

理解しよう

◆コンテキスト

　私たちは，その日の天気，その場の状況，話し合う相手，そのときの気分などによって行動が左右されることが多いものです。コミュニケーションが起こる物理的，社会的，心理的，時間的な環境すべてをコンテキストといいます。

　ホール（Hall, E. T.）は，文化を「高コンテキスト（high context）文化」と「低コンテキスト（low context）文化」の2つに分け，前者を言語に頼らなくても人々が深い人間関係で結ばれている文化，後者を言語コードを駆使して自らを他者に理解させなければならない文化と分類しました。高コンテキスト文化内でのコミュニケーションは，情報はすでに受け手と状況の中に組み込まれていて，伝達されるメッセージの中にはあまり含まれていません。つまりノンバーバル部分が大きな比重を占めています。低コンテキスト文化内でのコミュニケーションは，伝えるべき情報は，その人が発信するメッセージの中にあり，コンテキストの中にはほとんど存在しません。つまり言語に表現された部分を重視するのです。

　家族や友だちなど，お互いによく知り合っている間柄なら，高コンテキスト状況となり，細かい説明をしなくても相手がわかってくれるので，飛び石的コミュニケーションが可能ですが，低コンテキストの場合には，きちんと順序立てて説明する石畳式コミュニケーションを行うことが必要となります。

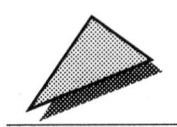

ためしてみよう（1）

◆デパートの実演販売

あなたがアルバイトでデパートで「万能汚れ落としクリーナー」の実演販売をすることになりました。お客さんをできるだけ引き付け、ひとつでもたくさん売ってください。

隣の人と、客、販売員の役割を交互に行い、両方が終わったら、気がついた点、注意すべき点を書き出して下さい。

気がついたこと

1.
2.
3.
4.
5.

確認しよう

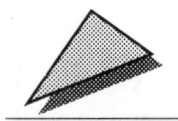

次にあげるものは，あるプロの販売員が守っている「売る秘訣」の一部です。
1．商品がよいこと。商品の弱点も説明する。（自信の持てない品物は扱わない）
2．客の目を見て笑顔で話す。
3．客が，まねのできない実演はしない。
4．ライバル商品をけなさない。
5．立ち去る客を引き留めない。

　言語的手段を用いて，納得させながら他者の態度や行動を特定の方向へ変化させることを意図した行為を説得といいます。説得的コミュニケーションは，バーバル（言語的）部分が多く，ノンバーバル（非言語的）なものは補助的な部分です。受け手を納得させながら働きかけるので，強制的，命令的な部分はありません。

　実演販売には野次馬を客に変える技術が必要ですから，そう簡単にまねのできるものではないでしょう。押し付けがましければブーメラン効果（boomerang effect）といって，相手にネガティブな態度を取らせてしまいます。商品を売るためには，五感をフルに回転させて客層と商機をかぎわけ，しかも余裕があるように見せなくてはならないというレベルの高い説得の技術が必要なようです。

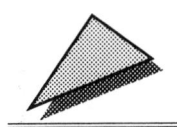

ためしてみよう(2)

◆野球場の放送

次の文を読み，あとの質問に答えてください。

　ある日，Aさんは野球の試合を観に行き，外野席からひいきのチームを応援していました。白熱戦となった7回の裏，なにやら問題が起こったらしく，両チームの選手たちと審判たちが集まって，激しくやりとりをしているようでした。Aさんの席は外野なのでフィールドから遠く，騒ぎの原因がさっぱりわかりません。試合は15分中断し，観客が騒ぎだしましたが，館内には「ご迷惑をおかけいたします。もうしばらくお待ちください」という放送が流れるだけでした。15分たって，「お待たせいたしました。試合を続行いたします。」とのアナウンスがありましたが，試合の緊張感もとぎれてしまい，後味の悪い試合となりました。

質問：なぜAさんは不満と感じたのか，どうであったらよかったのか，あなたの感想を書いてください。

確認しよう

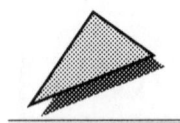

　Aさんの席は外野なので，フィールドの状況を把握するのは距離的に難しいでしょう。また，この試合中断の理由は，野球のルールの複雑な側面に触れるものなのかもしれません。客が判断しにくい状態で問題が起きた場合には，主催者側は，その原因，理由をはっきり伝えなければ，客は不安になるばかりです。今回のように，必要最低限のことしか言わない「察しによる」「飛び石的」スタイルではなく，言葉を尽くして，問題の背景を正確に説明する「石畳的コミュニケーション」が必要なのです。ラッシュアワーの電車が途中で不慮に停車してしまった場合を想像してください。原因理由の説明があれば，乗客は黙って耐えることができるでしょうが，何の説明もなければ，危険な混乱が起きるかもしれません。

　今回の場内アナウンスは，その意味で失格です。みなさん，自分がAさんだったらと仮定して，すべての観客が納得できるアナウンスの文面を考えてみてください。

　よりよいアナウンスの文面

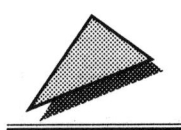

ためしてみよう（3）

◆公園デビュー

あなた（男女どちらでもよい）は，結婚して4年。3歳の子どもがいて，会社の社宅に住んでいます。きょうは子どもを遊ばせるために，敷地内にある公園にやってきました。公園には，3人掛け用のベンチが図3－4のように配置されており，それぞれにA，B，C，Dが座っています。公園は狭いので，どこに座っても話しの内容は聞こえる距離になります。あなたはどこに座りますか？

（ABCDのプロフィール）
A：よく知っている人だが，うわさ話をふりまくので，あなたが内心避けたいと思っている女性
B：同じ会社の若い男性
C：世話になっている上司の妻
D：赤ちゃんを抱いている若い女性

図3－4

```
                   A              B
 公園入口

                小さな砂場

                   D              C
```

第2章　地域社会の「うち」と「そと」

確認しよう

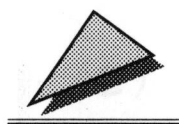

　ここで考えることは，116ページの「非言語の側面」のところで扱った近接空間の領域についてです。他人との間に空間を保つことは，緩衝帯を作ることになり，ソマー（Sommer, R.）は心理的侵略を防ぐ境界として，ホロビッツ（Horowitz, M. J.）は自尊感情を守るための自己防衛としてとらえています。
　ここでコミュニケーションの非言語の側面について，もう少し深く考えてみましょう。

状況分析

　あるしぐさの意味を理解するには，誰が，誰に向かって，どういう状況において，どのような言葉を伴いながら，どういう前後関係の文脈の中で示されたのかという条件がはっきりしていなければわかりません。同じしぐさでも，この条件が1つでも異なれば，違った意味をもつこともありえるのです。この例では，主人公が，異なったかかわり方をしているＡＢＣＤそれぞれに向かって，社宅の公園で，たぶん何らかの言葉を伴いながら，ＡＢＣＤの誰かのそばに座らなくてはならないのです。この公園のベンチの位置では，どこに座ってもみんなにあなたの存在はわかってしまいます。「Ａの隣にだけは座りたくない」と思っても，Ａは入り口の一番近くに座っているし，知人ですから，あなたが黙って通りすぎることは難しいでしょう。

目的

　座る座席を決めた背後には，意識的にしろ，無意識にしろ何らかの目的があるはずです。「Ａさんの側はいやだけれど，避ければもっと関係はまずくなるので，思いきって座ろう」「Ｃの上司の奥さんには，あとで挨拶をすればいいだろう」「Ｄは，赤ちゃんがいるから，共通の話題がありそう」など，とっさに判断したことでしょう。

二重拘束メッセージ

　口から発する言葉（例：「寒くない」と言う）と，ノンバーバルの示しているメッセージ（例：からだが震えている）が違っているとき，その状態を二重拘束メッセージといいます。受け手にとっては，2つの矛盾する意味が同時に送られることになって困惑します。今回の例でいうと，もしあなたがＡさんと直接話すなら，「こんにちは！」と声を弾ませてみ

ても無理していることがしぐさに出ているかもしれません。

　あなたの答えは，隣の人と同じでしたか？　違う場合は，なぜその場所を選んだのか，話し合って見てください。正解といえるほど決まったものはありませんが，お互いの「人と関わりあう姿勢」が見えてくるかもしれません。

```
あなたの答え
理由は



隣の人の答え
理由は


```

Part II　年代の違う人と　理解しよう

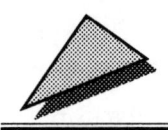

◆老いることとは

　Staude, J. R. は,「老いとは常に自分のことではなく,"彼等の老い"である」といっています。若い皆さんにとっては,「そのとおり!」でしょう。しかし歳を重ねて,高齢になってもそう感じるのです。守屋(1998)では,インタビューした90歳代の2名が「歳をとったとは思わないで暮らしてきた」と言っています。若い頃から,ずっと一続きの連続性のある自己像をもって生きてくれば,人生観も,生活感も,精神面も変わっていないと感じるのは当然ともいえるでしょう。だから町の中で知らない人から「おばーちゃーん!げんきですね〜!」などと言われると「ムッ!」としたくなるのでしょう。そういう自分が,「若いときのように速く歩けない」など,機能面の低下を自分の内面から自覚させられたときにはじめて,「歳をとった」と感じるのではないでしょうか。

　吉沢久子氏が「マイペース」という随筆で,次のように書いています。
　「70代に入ったころまでは,毎日の家事や仕事の予定は,手早く,きちんきちんと仕上げてしまわないと気持ちが悪く,自分ながらキビキビ動いていたと思う。
　それが今は,何もかもゆっくりで,たとえば草花に水をやりながら,『そうだ,フキノトウが出ているかもしれない』などと思いつき,毎年フキの出る庭の隅に行き,地面の盛り上がった所を触ってみたりしている。予定していたことが後回しになっても,まあいいやと思う。」

　シルバーエイジは人生の総統合の期間です。老いることは,行動のペースが少し遅くなるということであって,それによって自己評価が低くなるものではありません。若い人たちは,老人に対してステレオタイプによる判断を下したり,高圧的な態度に出ることのないよう,気をつけましょう。

◆乳児と幼児

　最近の研究では,乳児が他者とかかわる能力を潜在的に備えて生まれてくることがわか

っています。生まれたての赤ちゃんは，意味のない模様や機械的な音よりも，人間の顔，人間の声の方にずっとよく反応しますし，お母さんが眉を上げ下げしたり，舌を出して見せてあげると，赤ちゃんはそれをじっと見つめて，同じ表情，同じ動作を行うのです。

　ボウルビィ（1976）は，乳児が他の人とのかかわりを求め，それを能動的に維持しようとする存在であることを述べ，養育者との特別な結び付きを「社会的愛着（アタッチメント）」という用語でとらえ直しました。

　母親や養育者は，無意識に子どもたちにさまざまな信号を送り，子どもはその目をうかがいながら成長していきます。子どもへの無表情な対応や，求めてくる手を払いのけるような行為が重なれば，子どもは失望し，そのうちにかまってもらおうという気もおこらなくなり，傷ついたまま成長してしまう場合もあります。

◆児童期の仲間集団

　6歳から12歳までは，仲間関係の遊びを好むようになります。

　チームプレーの要求される集団対抗の遊びも好まれ，ギャングエイジという呼び名が示すとおり，リーダーとメンバーからなる仲間集団も好まれます。ギャング集団は，子どもが社会へと巣立つためのウオーミングアップの場として発達には重要な部分ですが，最近では子どもたちをめぐる周囲の環境から，困難な面もあるようです。

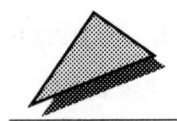

ためしてみよう（4）

◆シルバーエイジのリズム

　おとしより（60-98歳）は，どういうきっかけで，「自分は年寄りになったなー」と感じると思いますか？　下にあげる項目に順番をつけてください。

___ a．子どもや孫の成長

___ b．近親の病気や死

___ c．施設への入所

___ d．身体的疾患

___ e．精神力の衰え

___ f．活動性の低下

___ g．精神機能の低下

（守屋国光　1998）

確認しよう

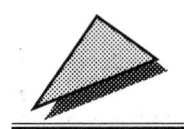

「自分は年老いた」と感じる自覚のあり方を老人意識といいます。守屋（1998）によれば，60歳代では73.1％，70歳代では84.5％，80歳代では87.6％の人が，老人意識をもっているそうです。老人意識などない方がいいと思うか，あって当然と思うかは，人によって考え方が異なるでしょうが，長期の追跡調査によれば，老人意識は出現と消失を繰り返しながら次第に永続性のあるものになっていくようです。

しかし，老人意識をもつようになったきっかけは，定年，孫，老人扱いなどのような外的要因よりも，精神力の衰え，活動性の低下などのような，内的要因のほうがずっと多いのです。〈ためしてみよう（4）〉の項目ａｂｃを老人意識のきっかけにあげた人は，434人中いずれも3％未満です。

答えは
(1)　ｆ．活動性の低下（40.6％）
(2)　ｄ．身体的疾患（16.8％）
(3)　ｇ．精神機能の低下（10.4％）
(4)　ｅ．定年・引退・隠居（4.4％）
残りの項目　ａｂｃは3％未満ですべて（5）となります。

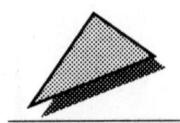

ためしてみよう（5）

◆**幼児の世界**

次にあげるものは，母親と幼児の会話です。「　　　」の中の_____の箇所に入る言葉を考えてください。（　）内は幼児の年齢です。

---

1. 化粧品をいたずらしていたので叱ると「ぼくも早く_____になって，お化粧がしたい！」（4歳）

2. 少女アニメが好きなのんちゃん。「こっちむいて」というのでふりむくと，精いっぱい目を見開いて「のんちゃんの目の中にも_____？」（4歳）

3. 母「きんさんの次にぎんさんも死んじゃった」「でもまだ_____がいるんでしょ？」（5歳）

4. 母「おじいちゃんとおばあちゃんが首を長くして待ってるよ」「_____になっちゃったの？」（3歳）

5. 郵便局でお年玉を貯金した帰り道，「ママ，お年玉ってどんな_____するの？」（3歳）

6. 本を読んでいるとき，「ママ，『いちもくさん』って_____？」（5歳）

7. ラーメンを食べながら「『ラーメン』と_____ってきょうだい？」（4歳）

8. テレビの天気予報を見たあと，ベランダで空を見ながら「きょうの天気はなに？」と聞くので「晴れだよ」と答えると，「晴れって何が_____？」（2歳）

確認しよう

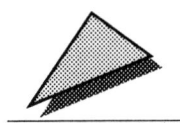

正解は次の通りです。

1. 化粧品をいたずらしていたので叱ると「ぼくも早く　お母さん　になって，お化粧がしたい！」
2. 少女アニメが好きなのんちゃん。「こっちむいて」というので振り向くと，精いっぱい目を見開いて「のんちゃんの目の中にも　お星様はいってる　？」
3. 母「きんさんの次にぎんさんも死んじゃった」「でもまだ　銅さん　がいるんでしょ？」
4. 母「おじいちゃんとおばあちゃんが首を長くして待ってるよ」「　きりんさん　になっちゃったの？」
5. 郵便局でお年玉を貯金した帰り道，「ママ，お年玉ってどんな　はさみでチョッキンするの？」
6. 本を読んでいるとき，「ママ，『いちもくさん』って　どんな人　？」
7. ラーメンを食べながら「『ラーメン』と　『シクラメン』　ってきょうだい？」
8. テレビの天気予報を見たあと，ベランダで空を見ながら「きょうの天気はなに？」と聞くので「晴れだよ」と答えると，晴れって何が　降ってくるの　？」

「なんてかわいらしい答え！」と，思わず口元がほころびますね。この世に生を受けてたった3年程度の幼児たちが，自分の未熟な経験を，未熟な思考とつたない言葉に載せて一生懸命伝えようとしている様子が目に見えるようです。門脇（1999）は，人間が一つの社会をつくり，その社会を運営していくことのできる資質を「社会力」とよんでいます。社会力には，「生きる力」も含まれます。幼児たちのイメージの世界をかいま見ると，これこそ「生きる力」の根源にあるエネルギーではないかと思われます。

上の例のように，幼児期になると，子どもは言葉を獲得していきますが，その，言葉を発達させていく最も大きな要因は，相手（多くの場合母親）との関係です。母親との関係で言葉の発達が左右されるということです。お母さんたちは，よく幼児期の言葉の遅れを心配しますが，大切なのは表に出てきたことばそのものではなくて，その土台となる人間関係なのです。

Part Ⅲ 異文化に触れる

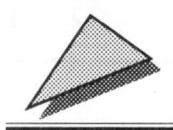

理解しよう

◆**異文化間コミュニケーションという分野**

　文化心理学（Cultural psychology）は異文化間心理学（Cross-cultural psychology）と同じ意味で使われることが多く，文化と社会の要因が人間の行動に与える影響を体系的に研究する分野ですが，異文化間コミュニケーション（Intercultural communication）という分野では，異文化間心理学の対人コミュニケーションに関する部分を扱います。

　日本人の中には，異文化間コミュニケーションを何かすばらしいものだ，とか，外国語（とくに英語）に関係のあるものだと誤解している人もいるようですが，これはまったく誤りです。私たちの文化的背景が異なると，価値観や行動様式も異なる場合が多く，そのことからいろいろな問題が出てきます。異文化間コミュニケーションの現場でくりひろげられる問題は，ちょっとした笑い話ですむものから，カルチャーショックで病的な症状に陥る場合までさまざまです。文化の違う人どうしが衝突した場合，その人個人の理由とはせずに，「あなたの文化ではそうでしょうが，私の文化では…」という逃げ手に使われる場合もあって，問題は複雑です。

　それでもなお，異なった文化を知り，共存していくことは，私たちにとって必要不可欠なことです。自文化中心主義の態度を捨てて，相手の価値観と，それを育てた文化を理解できるような広い心の持ち主になりたいですね。

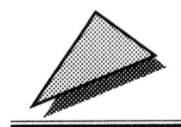

ためしてみよう（6）

◆家の中，家の外

　次の話を読んで，トムがなぜこのような行動をとるのかを想像して，隣の人と話し合ってください。

　　17歳のアメリカ人のトムが，たかしの家にホームステイしています。トムは外から帰ってきたら玄関で靴をぬいでから家に上がる，ということには慣れたようですが，問題は庭からの出入りです。トムには，「庭用のサンダルがある」と教えてあるのですが，すぐにはだしで出て，そのまま家に入ってきてしまいます。たびたび注意すると，最近では庭から出入りしなくなりました。たかしのお母さんは「注意しすぎたかしら？」と気にし始めました。どうしたら他の家族と同じように行動してもらえるのでしょうか。

確認しよう

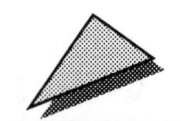

　西欧の人には、「靴を脱ぐのは、寝るときと風呂に入るときだけ。むやみに靴を脱ぐのは、はしたない行為」と考える人もいます。しかし、最近では裸足の気持ちよさに、家では素足という人も増えてきました。ただしそれは日本人のように「玄関は裸足でおりてはいけない。家に『あがる』と始めて素足。廊下はスリッパをはいて、畳ではまた脱ぐ。庭にはサンダルで出る」という細かい区別のあるものではありません。

　トムにとって気持ち悪いのは、「誰がはいたかわからない履物を、素足ではく」ということです。庭には、同じようなサンダルが並んでいて、「トムのもの」と決められていません。たかしも、お母さんも「どれをはいてもいい」というのですが、「履物は体の一部」という感覚があるトムには、どうも気持ちが悪いのです。

　日本人の清潔好きは定評のあるところですが、「何を気持ち悪い」と考えるかは、生活習慣の深い部分にかかわる問題です。日本人にとって、お風呂とトイレが一緒のタイプの洋式のバスルームを素足で歩きまわることはあまり気持ちのよくないことですが、逆に、日本の代表的な食べ物のひとつである「おにぎり」が西欧の人には「他の人が素手でつぶしたもの」なので、気持ち悪いと感じられるようです。

　上の例の場合には、トム用のサンダルを決めておいてあげれば問題は解決するでしょう。

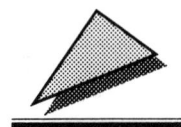

ためしてみよう（7）

◆水は命

　智子がイギリスにホームステイしはじめて、3日たちました。やっと生活に慣れたかな、と思いはじめた矢先、水の使い方で問題を起こしてしまいました。その日の午後は時間があったので、「だれにも迷惑をかけない時間に」とゆっくりとお風呂にはいりました。ところがそのあと、お湯が出なくなってしまいました。智子がお湯を使いすぎたことが原因だというのです。いつもは親切なホストマザーもちょっと不機嫌で、智子は悲しくなってしまいました。

　これから快適に過ごしていくには、智子はどうすればよいのでしょうか。

確認しよう

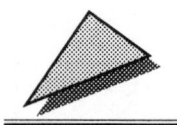

　日本のように水の豊富な国と，そうでない国では，水の使い方がかなりちがうようです。食器を洗うときでも，日本ではふんだんな流水のもとでていねいに洗いますが，薄い洗剤液につけたままの食器を拭いて使うという国もかなりあります。「薬がついていて気持ち悪い」と思っても，彼らに言わせると「そんなに水を使ってはもったいない」のだそうです。

　この例では，水の使い方に関するルールを，具体的にしっかりと決めておけばよかったのです。失敗は誰にでもありますから，ホストマザーに理由を話してわかってもらい，「日本とは違うのだ」と気持ちを切り替えていけばよいでしょう。

やりとりのツール

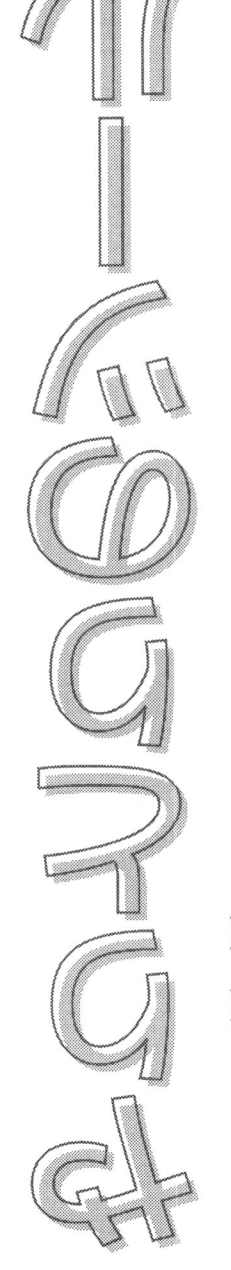

やりとりのすべて

第1章　定型化した対話
第2章　携帯電話とインターネット

第IV部

第1章

定型化した対話

　最近の日本の鉄道の駅ではコンピュータ化が進み，乗客は窓口で切符を買うことができないようになってきました。慣れた路線ならよいのですが，そうでない場合は一苦労で，機械のパネルと自分との対話が始まります。
　まず販売機の上の鉄道地図を見あげて目的の駅までのルートを探す。
「入り組んだ鉄道網で蜘蛛の巣状態だなー。」
　路線地図に張り付けられている無数の駅の漢字と運賃の数字の洪水の中から，自分の目的の駅とは関係のない情報を視覚からひとつひとつ消し去る。
「やっと駅の名前が見つかったぞ。ええと…460円，460円。10000円札はダメ，1000円札はOK…切符を買うのは…どの販売機かなー…」
　小声で値段を反復しながら，周囲を見回し，ずらーっと並んだ切符販売機の中から目的にあったものを探す。やっと条件に合うものを選び出したら，いよいよ慣れない機械との対話。
「なになに？『経由する駅を選んで下さい？』ええと…」
　画面からの問いかけに必死で答えながら，文字盤に目を走らせてパネルを押す。「1000円札が折れ曲がっていて入らない！」自分の後ろに続く長い行列の人々のイライラ顔が脳裏を横切る。冷や汗をかきながら機械の前でぶつぶつ言い訳のことばを一人つぶやき，やっと目的の切符を1枚，手にいれる。

　それまで対話しながらやりとりしていた生活場面に機械が入り込み，人と人が「話さない」「聴かない」生活にどんどん拍車がかかっていきます。
　この章では，コンピュータ化された情報や販売用手引き書など，定型化したセット情報をツールとして用いることで，「自分の肉声を使った直接的なやりとりを避ける」方略について考えます。

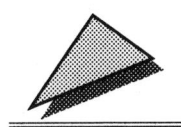

理解しよう

　私たちが毎日耳にする言葉は，テレビから一日平均400字詰め原稿用紙152枚分，新聞からは500枚分にあたるといわれています。メディアからこれほどの言葉の量が垂れ流しされている一方で，前ページの例のように私たちが直接対面して肉声を聞く機会はどんどん減っています。「聞く，話す」という対話の場が共有されない社会システムになれば，人はやがて「聴く」態度を持つ必要を感じなくなります。

　私たちの生活の中で，「聴く，話す」訓練はどこでなされているのでしょうか。町のファーストフードの店では，アルバイトの高校生が，「いらしゃいませ，こんにちは」とマニュアルに基づいた定型化した対応を繰り返しています。

　このような定型化したやりとりは，じつは最近始まったことではなく，日本では昔から，それも個人の発達の初期にあたる幼稚園時代から人々が何の不思議さも感じないような形で毎日の会話の場に入り込んでいます。幼稚園の一日の始まりを見てください。先生が「はい，みんな〜，静かに〜！さーみんなで〜，せーのー！」とかけ声をかければ，幼稚園児は約束どおり「おはようございまーす」と声をそろえます。学校ではどうでしょうか。生徒の解答に先生が「どうですか〜？」と尋ねれば，生徒たちは先生の期待どおり「いいですよ〜」と声をそろえて反応します。

　これは「聴く，話す」の訓練のように見えますが，私たちは，毎日の生活の中で，こんな話し方はしません。このような定型化した対話は日常会話の「聴く，話す」とはちがうジャンルのものなのです。

　町の中にも，学校にも，私たちが「聴く，話す」訓練の場を見つけることは難しいのです。

型にはまった言葉たち

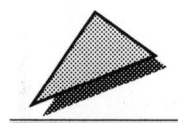

ためしてみよう（1）

◆駅でのトラブル

次の文を読み，隣の人と，Aさん，Bさんの役割を交代で行って，どう感じたか，書いてください。

あなた（Aさん）は，ある町に引っ越してきたばかりの学生です。アルバイト先までの交通費が高いので，今日はどうしても回数券を買おうと，窓口に並びました。10分位並んで，やっと自分の番になって買おうとすると，窓口の駅員（Bさん）から，「回数券は自動販売機で買って下さい」と言われました。どの販売機で買ったらいいのかもわからないし，どこも長蛇の列です。電車の発車時刻はせまっています。あなたはどうしますか？

　Aさん（学生）になったときに感じたこと

　Bさん（駅員）になったときに感じたこと

確認しよう

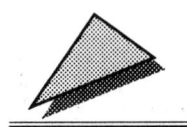

　AさんにしてもBさんにしても，相手に納得してもらえるような説明ができれば，問題はないはずですが，役割になって演じてみると，以前にはわからなかったその人の言い分がよくわかるのではないでしょうか。駅員としては，切符の購入に関することは機械に任せてしまいたいでしょうが，お客さんとけんかをしてはいけません。Aさんは引越してきたばかりで，この駅の事情はわからないし，おまけに10分間も並んで待っていたのです。駅員の役割を演じる場合には，Aさんに次のときには販売機で気持ちよく買ってもらえるような応答の仕方を考えてください。

　クラスの他の人たちの意見を下の空欄に書き，今回の Exercise をまとめておきましょう。

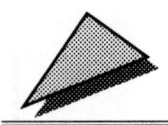

ためしてみよう（2）

◆レストランのアルバイト

　レストランでアルバイトの初日。私の仕事はウェイター（ウェイトレス）ですが，料理の種類がたくさんあって，内容が覚え切れません。メニューにはそれぞれの料理に簡単な説明が書いてあります。あるお客さんに，「これ，どういう料理？」と聞かれたので，メニューを指して，「ここに書いてあります」と言いました。お客さんはなぜか気を悪くしたらしく，あとでチーフから注意されました。わたしのどこがいけなかったというのでしょうか？

　わたしが直すべきところは…

確認しよう

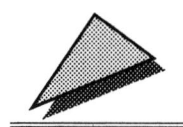

　血の通った人間味のある会話とは，情報の送り手と受け手が積極的に「聴きあい」，解釈のあいまいな点を見つけ出しては解決し，相手を巻き込み，自分も巻き込まれながら，両方でつくり上げていくものです。たとえメニューに書いてあるとおりの内容だとしても，お客さんと一緒にそれを読んでいけば，そのプロセスをとおして，心の触れ合いが可能です。そういう会話のできるウェイター（ウェイトレス）のいるレストランなら，お客は必ず「次のときも，ここで食べよう」と思うでしょう。

　クラスの他の人たちの意見を下の空欄に書き，今回の Exercise をまとめておきましょう。

第2章

携帯電話とインターネット

　対人コミュニケーションの基本モデルは，大きく3つのタイプに分類できます。

　第1のものは1940年代の終わりに提唱されたアクションモデル（Communication as Action）で，送り手から受け手へと一方向に直線的に流れるモデルです。このテキストでは，115ページのデパートの実演販売の例がこれにあたります。

　第2のものは1950年代に出てきたインタラクションモデル（Communication as Interaction）で，送り手と受け手が交代して時間の経過に従って進んでいくモデルです。この章で扱う電話やインターネットのメールによるコミュニケーションはこれにあたります。

　1960年代になると，第3番目のトランザクション（交流）モデル（Communication as Simultaneous Transaction）がでてきました。これは2人のうちどちらが送り手か受け手かわからないほど，活発に対話が行われるもので，このテキストでは，90ページの友だちどうしの会話がこれにあたります。

　携帯電話が普及し，さまざまな機能が付加されて電話そのものの概念も変わりつつあります。一方，インターネットに代表されるコンピュータコミュニケーションも次々と多様な形態が提供されており，現代に生きるすべての人たちが新しい形のコミュニケーションモデルを模索しながら生活しています。

　携帯電話は確かに便利な道具です。しかし人ごみの中で，周囲の状況などまったくおかまいなしに立ち止まって携帯電話の画面を見つめている若者たちが点在する都会の風景は，時代の流れと割り切ってみても，かなり異常な光景です。

　この章では，携帯電話，インターネットに代表される便利なメディアの長所と短所について考えます。

理解しよう

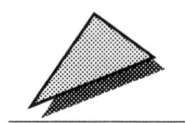

　電話のよいところは離れていてもリアルタイムに対話できるという点です。電話によるコミュニケーションの特色は，物理的に自分が存在している場所のフレーム（例えば家族と共有している居間）とは別に，心理的には電話の相手との疑似的なコミュニケーション空間を共有している，というところです。これを渡辺（1989）はゴフマン（Goffman, E.）(1974) のフレーム（frame）という概念を用いてフレームの二重化とよび，船津（1996）はダブルリアリティとよんでいます。

　携帯電話は，どこにいても電話をかけられますから，フレームの二重化はいつでも作り出せるし，いつでもダブルリアリティの世界を浮遊することができます。問題は電話で話している人の心理的な意識が，対話をしている社会的な「場」より疑似的な「場」のほうにあるというところです。しかもその疑似的なフレームは，その人以外には何の関係もない町の雑踏の空間に突如侵入してきて生成され，あちこちに乱立しだします。私たちが電車の中での携帯電話の話しに耐えられないのは，当事者だけに関係のある会話の場という「異質なフレーム」が，社会的な場に突然形成されるからなのです。

◆インターネットによるメールコミュニケーション

　基本的には文字が中心なので，表情，動作などのノンバーバルな要素を利用することができません。人間のコミュニケーションの手段は，90パーセント以上が非言語といわれていますから，文章だけでコミュニケーションを行う場合には，その短所をうめるために言葉を選び，文章を練り上げるプロセスが必要なはずですが，コンピュータではその手軽さから，あたかも会話をするようにどんどん文章を送ってしまいます。対面での会話なら，声によって発せられた文章は消え去りますが，「メール」は「手紙」ですから，粗雑な文が，画面に残ります。その結果，相手の言葉尻をとらえて相手をなじる行為にまで発展することがあります。このように，意見が中傷にまで発展する現象をフレーミング（flaming）といいます。コンピュータ上では，相手の社会的属性がわからないために，匿名性という便利さも手伝って，対面場面だったらおこりえないような言動ができてしまうのです。

◆コンピュータコミュニケーションによる情報の特徴

　従来の情報の扱いかたとコンピュータを媒介とする情報の扱い方には，次のような違い

があります。

表4－1

	従来の方法	コンピュータ媒介
1．情報の残し方	書く／録音する （証拠が残る）	抽象的なままで扱える （証拠を残さないですむ）
2．コピーする	プロセスが必要	ボタン操作のみ。コピーしやすい
3．オリジナル情報の廃棄	元のものはなくなる （例：手紙を焼く）	廃棄されたか不明
4．情報を取り戻す	できる	取り戻せたか不明
5．手を加える	プロセスが必要	瞬時に可能
6．送る相手	人数限定付	莫大な不特定多数でも可能
7．拡散性	限定付	無限大

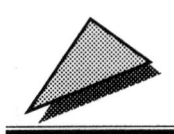

ためしてみよう（1）

◇より新しいツールを求めて

　次の表は，やりとりの種類によってできやすいこととできにくいこととの関係をまとめたものです。表の空欄に可能（○）不可能（×）どちらとも言えない（△）の記号を書き入れてください。

やりとりの種類	媒介要素	交信の場所の自由度	後で見られる／聞ける	遠方に通じる	保存できる
直接会って話す	言語／非言語				
手紙	文字／図				
電話 （留守録なし）	音声				
電話 （留守録あり）	音声				
携帯電話 （メール機能なし）	音声				
インターネット通信 （据え置き型パソコン）	音声／文字／図				
インターネット通信 （メール機能付携帯電話）					

第2章　携帯電話とインターネット

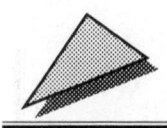

確認しよう

　答えは一般的にはつぎのようになります。ただし新しい機種が発売されて，状況が変化している可能性もあります。クラスの中で自由に討論してください。

やりとりの種類	媒介要素	交信の場所の自由度	後で見られる／聞ける	遠方に通じる	保存できる
直接会って話す	言語／非言語	○	×	×	×
手紙	文字／図	○	○	○	○
電話 （留守録なし）	音声	×	×	○	×
電話 （留守録あり）	音声	×	○	○	○
携帯電話 （メール機能なし）	音声	△	△／○	○	△／○
インターネット通信 （据え置き型パソコン）	音声／文字／図	×	○	○	○
インターネット通信 （メール機能付携帯電話）		○	○	○	○

クラス討議のまとめとコメント

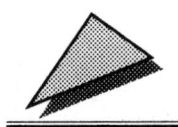

ためしてみよう（2）

◇**情報がこわい**

　あなたが携帯電話かEメール通信をしていて，「いやだなー」と感じることがありますか？　あれば可能な範囲で書いてください。

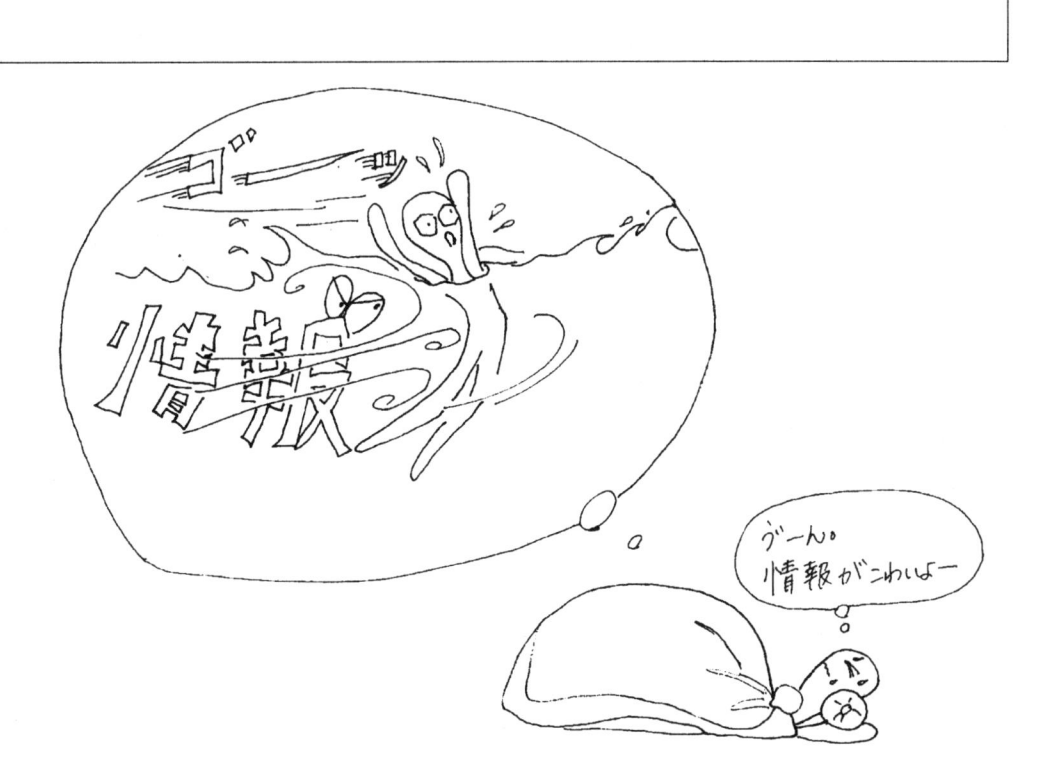

第2章　携帯電話とインターネット

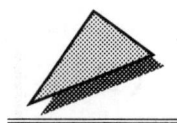

確認しよう

以下にあげるものは，ある大学での回答をまとめたものです。(回答者142名)
あなたと同じ項目がありますか？

1．書きことばと対面でのことばがちがってしまう。
---顔を見ないですむので，嘘のことでも言える。
---本当の気持ちを伝えているのか？
---相手にとって良いこと，受けいれられそうなことだけを伝え，受け入れられそうにないことは，脚色してしまう。
---メールで「ごめん」と謝られても，実際に会って見るとその態度は見られない。
---約束を直前に中止するドタキャンもメールひとつ送れば，謝ったことになってしまう。
2．文字だけで伝えるため，メッセージが単純化されて，誤解が生じる。
---「来なくていい」という文字をみたときに，背後にある理由，そのことばが重いものか，軽いジョークか，など複雑なメッセージが汲み取れない。
---「アリガトウ」「ゴメンネ」が乱発されすぎて，ことばの重みを失っている。
---とにかく「ごめん」と送れば，「謝った」という言い訳がたつので，自分で自分を納得させられる。
3．携帯電話にふりまわされる。
---つながらない場合のイライラ。おたがいにそれを回避しようとすると，夜，枕元においておかなくてはならず，安眠できない。
---特に大切な友人がいる場合には，携帯をいつでも，どこでも握りしめていなくてはならない。非常に束縛感があり，疲れ果てる。
4．番号交換という儀式
---学校や，サークル，アルバイト先など，はじめての仲間をつくる場合に，携帯の番号交換が当然のように行われ，断わりにくい。
---名刺なら個人の生活に入り込みにくいが，メールはプライバシーの領分に入り込んでくる。いったん入り込まれると，どこまでそれが拡散しているのかわからず，不安である。
---新入社員が名刺の数を競うのと同じ心理のようだが，メールアドレスはアドレス帳に簡

単につけ加えられるので，結局見知らぬ人とも情報をやりとりすることになり，どれが重要なのか，わからなくなる。

5．送り手本位の態度
---送り手が勝手に送ってきたメールでも，「先輩かもしれない」と，まずは返事を出さなくてはならない。
---送り手の自己満足としか思えないようなメッセージでも，「答えないと嫌われる」という不安がある。
---送り手はあちこちに自分の足跡を残して満足している感じ。送られた人のことを考えていない。
---「メールを送ったのに読んでいない」と怒られることがある。謝ってはおくが，なぜ謝らなければならないのか，自分でもすっきりしない。
---根底には相手のことより自分中心の態度がある。

6．匿名性による弊害
---いったんメールのアドレスを教えたら，しつこいメールが次々に送られてくる。自分の番号がどこかで回覧されているらしく，その場はしのげても際限なく迷惑なメールが続く。
---自分の名前が勝手に利用されるということは，たとえていうなら，自分の着なれた洋服を知らない人が着ている感じ。気味が悪いが，防ぐことが難しい。

　あなたのいる現実の空間が，家の居間であろうと，昼食のラーメン屋であろうと，タクシーの中であろうと，ケイタイ・ネット空間につながっていれば，あなたは目の前にいる家族や，仲間や，タクシーの運転手から，まったく隔離された仮想現実のフレームの中で自分だけの世界を楽しむことができます。
　しかし，この強力なメディアが内包する強い副作用を忘れてはいけません。ｉモードにふけっているときにお母さんから「あした何時に起きるの？」と言われた場合，またはラーメン屋で「ここのミソラーメン最高だね」と友だちから同意を求められたとき，あるいはタクシーの運転手から「いくつ目の信号曲がるの？」と尋ねられたときには，即座にｉモードの世界から現実の世界に戻れるだけの心の余裕を残しておいてください。

引用文献

第Ⅰ部

第1章

杉田峰康『交流分析』（講座サイコセラピー8）日本文化科学社，1994年

TEG研究会編『TEG活用マニュアル事例集』金子書房，1991年

第2章

村瀬孝雄・伊藤研一『内観療法』（臨床心理学体系9）金子書房，1989年

石井光『やすら樹　別冊』自己発見の会，2000年

第3章

八田武志ほか『ストレスとつきあう法』有斐閣選書，1993年

国分康孝『カウンセリングの理論』誠信書房，1990年

日本学生相談学会編『論理療法に学ぶ』川島書店，1990年

第4章

内山喜久雄『自律訓練法』（臨床心理学体系8）金子書房，1990年

佐々木雄二編著『自律訓練法』（講座サイコセラピー3）日本文化科学社，1993年

窪内節子編著『楽しく学ぶこころのワークブック』学術図書出版社，1997年

第Ⅱ部

第1章

杉田峰康『交流分析』（講座サイコセラピー8）日本文化科学社，1994年

杉田峰康『交流分析』（臨床心理学体系8）金子書房，1990年

第2章

菅沼賢治「アサーティブ＝チェックリスト」（青年心理）金子書房，1989年

平木典子『アサーショントレーニング』日本・精神技術研究所，1995年

アン・ディクソン『アサーティブネスのすすめ』柘植書房，1997年

第3章

日精研心理臨床センター『実践カウンセリングワークブック』日本・精神技術研究所，

1992年

第4章

内山喜久雄ほか『カウンセリング』(講座サイコセラピー1) 日本文化科学社，1994年

日精研心理臨床センター『実践カウンセリングワークブック』日本・精神技術研究所，1992年

第Ⅲ部

第1章

Argile, M. & Henderson, M. 1985 *The Anatomy of Relationships and Rules and Skills to Manage Them Successfully.* 吉森護編訳『人間関係のルールとスキル』北大路書房 1992年

Asch, S. E. 1946 Foreign inpressions of personality. *Journal of Abnormal and Social Psychology.* 41, 258-290.

Byrne, D. 1971 *The atraction paradigm.* Academic Press.

Festinger, L., Schachter, S., & Back, K. 1950 *Social Pressures in Informal Groups: A study of a Housing Community.* Harper.

Heider, F. H. 1958 *The psychology of interpersonal relations.* Wiley. 大橋正夫訳『対人関係の心理学』誠信書房，1978年

Jourard, S. M. 1958 A study of self-disclosure. *Scientific American,* 198, 77-82.

カートライト，D.&ザンダー，A.／安藤延男(訳)三隅二不二(訳編)『グループダイナミックス1』誠信書房，1974年

ミルグラム，S. 岸田秀訳『服従の心理—アイヒマン実験—』河出書房新社，1980年

三隅二不二『リーダーシップ行動の科学』有斐閣，1984年

Ogden, C. K., & Richards, I. A. 1923 *The meaning of meaning.* New York: Harcourt Brace Javanovich. 石橋幸太郎訳『意味の意味』新泉社，1967年

齋藤勇『対人心理学トピックス100』誠信書房，1998年

菅原ますみ「冷めた妻，片思いの夫」日本経済新聞，1999年6月2日夕刊

第2章

朝日新聞「あのね」欄 2001年2月9日，3月9日

ボウルビィ J. 黒田実郎他訳『母子関係の理論 愛着行動』岩崎学術出版社，1976年

Hall, B. T. 1976 *The Hidden Dimension.* New York: Doubleday.

Horowitz, M., Duff D. F. & Stratton, L. O. 1964 Body-buffer zone: Explaration of personal space. *Archives of General Psycology,* 11, 651-656.

門脇厚司『子どもの社会力』岩波新書，1999年

Sommer, R. 1969 *Personal Space: The behavioral basis of design.* Englewood Cliffs, N. J.: Prentice-Hall.

Staude, J. R., 1981 *Wisdom and Age.* Ross Books.

守屋国光（1998）『老人・障害者の心理』福村出版（一番ケ瀬（1999）に収載）

吉沢久子「老いじたく考」朝日新聞　2001年2月28日家庭欄

第Ⅳ部
第2章

船津衛『コミュニケーション・入門』有斐閣，1996年

Goffman, E. 1974 *Frame Analysis.* Harper and Row

渡辺潤『メディアのミクロ社会学』筑摩書房，1989年

参考文献

安藤延男『人間関係入門』ナカニシヤ出版　1999年
朝日新聞「あのね」欄　2001年2月9日，3月9日
一番ケ瀬康子監修　進藤貴子『高齢者の心理』一橋出版，1999年
ボウルビィ，J.／黒田実郎他訳『母子関係の理論　愛着行動』岩崎学術出版社，1976年
橋元良明「聞くことを忘れた現代社会」『言語』1996年2月号
Hall, E. T. 1976 *The Hidden Dimension*. New York: Doubleday.
Horowitz, M., Duff D. F. & Stratton, L. O. 1964 Body-buffer zone: Exploration of personal space. *Archives of General Psycology*, 11, 651-656.
川上善郎『うわさが走る―情報伝播の社会心理学―』（セレクション社会心理学16）サイエンス社，1997年
木下冨雄「流言」池内一編『集合現象』（講座社会心理学3）東京大学出版会，1977年
工藤力『しぐさと表情の心理分析』福村出版，2000年
中島義明編『メディアにまなぶ心理学』有斐閣ブックス，1996年
宮崎清孝「『聞く』こととはどういう行為か」『言語』1996年2月号
小此木啓吾『「ケータイ・ネット人間」の精神分析』飛鳥新社，2000年
『青年心理　75』「特集『甘え』の心理」金子書房，1989年
ショー，M.E.，コスタンゾー，P.R，古畑和孝監訳『社会心理学の理論』I, II　サイエンス社，1984年
Sommer, R. 1969 *Personal Space: The behavioral basis of design*. Englewood Cliffs, N. J.: Prentice-Hall.
Staude, J., R., 1981 *Wisdom and Age*. Ross Books.
藤原武弘・高橋超編『チャートで知る社会心理学』福村出版，1995年
深田博己編『コミュニケーション心理学』北大路書房，1999年
深田博己『インターバルコミュニケーション―対人コミュニケーションの心理学―』北大路書房，2000年
松尾太加志『コミュニケーションの心理学―認知心理学　社会心理学　認知工学からのア

プローチ─』ナカニシヤ出版，2000年

【著者紹介】

吉武 光世（よしたけ みつよ）　第Ⅰ部，第Ⅱ部担当

1970年　東京大学文学部心理学科卒業。法務省に入り，法務技官として非行少年の診断，鑑別業務に従事。
1973年　南イリノイ大学　犯罪・非行・矯正研究所留学。
元東洋学園大学教授。
著　書　『現代心理学』（共著・学術図書出版）
　　　　『メンタルヘルスと心理学』（編著・学術図書出版）
　　　　『楽しく学ぶ心のワークブック』（共著・学術図書出版）他

久富 節子（ひさとみ せつこ）　第Ⅲ部，第Ⅳ部担当

1968年　早稲田大学第一文学部哲学科心理学専攻卒業。国際基督教大学大学院教育学研究科教育方法学専攻前期博士課程修了（教育学修士）。アルバータ州立アルバータ大学（カナダ）大学院教育心理学研究科修士課程修了（教育心理学修士）。同上博士課程単位取得満期退学。
1997～98年　ランカスター大学（イギリス）およびニューメキシコ大学（アメリカ）研究員。
元東洋学園大学教授。
訳　書　ハイム・ギノット著『先生と生徒の人間関係』（サイマル出版会）
　　　　グレン・ドーマン著『幼児は算数を学びたがっている』（サイマル出版会）
　　　　マルゲリータ・ルドルフ著『子どもとサナトロジー』（ナツメ社）他

じょうずに聴いて　じょうずに話そう
――カウンセリング・マインドとコミュニケーション・スキルを学ぶ

2001年6月20日　第1版第1刷発行
2017年1月30日　第1版第9刷発行

著者　吉武　光世
　　　久富　節子

発行者　田中　千津子

〒153-0064　東京都目黒区下目黒3-6-1
電話　03（3715）1501（代）
FAX　03（3715）2012

発行所　㈱学文社

http://www.gakubunsha.com

© M. Yoshitake / S. Hisatomi 2001

印刷所　メディカ・ビーシー

乱丁・落丁の場合は本社でお取替します
定価はカバー，売上カードに表示

ISBN 978-4-7620-1070-5